Die Natur kann von keinem belehrt werden,
sie weiß immer das Richtige.

Hippokrates von Kos

Bibliografische Information der Deutschen Nationalbibliothek:
Die Deutsche Nationalbibliothek verzeichnet diese Publikation in der
Deutschen Nationalbibliografie; detaillierte bibliografische Daten sind
im Internet über www.dnb.de abrufbar.

Gestaltung und Copyright © 2020 Nora Thielen
Herstellung und Verlag: BoD - Books on Demand Norderstedt

ISBN: 9783750440241

Nora Thielen

Die Natur war ihr Leitstern

Eine kleine Geschichte ganzheitlicher
Heilkunst in Lebensbildern

INHALT

19. und 20. Jahrhundert
Unternehmerschwung und neue Geistigkeit

Einleitung

»Nicht der Arzt heilt, sondern die Natur«, galt für Hippokrates als erster heiliger Grundsatz. Sich in aller Bescheidenheit als getreue Diener und Helfer der Natur anzusehen, zeichnet bis heute seine Nachfolger aus. Mutig und kompromisslos haben sich durch die Jahrhunderte immer wieder starke, unbequeme, nicht immer geschätzte Heilerpersönlichkeiten mit traditionellen aber auch ungewöhnlich neuen Methoden dafür eingesetzt, den kranken Menschen in umfassenden Zusammenhängen zu betrachten und zu behandeln.

Antike Philosophenärzte entwickelten die ersten ganzheitlichen Konzepte. Gesundheit definierten sie als Zusammenspiel von Gleichgewicht, Harmonie und innerer Stabilität. Seelische und körperliche Gesundheit gehörten immer zusammen. Die Ausbildung fand in sogenannten Ärzteschulen statt, die trotz ihres bereits hohen wissenschaftlichen Niveaus alle noch in engem Zusammenhang zum Tempel-Heilkult standen. Dem Asklepios geweihte Heiligtümer - um die 300 in der griechisch-römischen Welt - dienten als Sanatorien, wobei vor allem die Trauminkubation für die Heilung eine wichtige Rolle spielte. Das westliche Mittelalter war recht unberührt von all diesen Erkenntnissen, nur wenige altertümliche Schriften hatten überlebt. Lediglich klösterliche Kräuterheilkunde wurde betrieben, wobei der Name Hildegard von Bingen für die vielen heilkundigen Frauen steht, die mit all ihrem Wissen, wenn überhaupt, dann nur in der Anonymität überleben konnten. Erst ab dem 13. Jahrhundert wurden durch Spaniens und Italiens Verbindungen zur arabischen Welt die griechischen Texte wieder zugänglich. Ein frischer Wind wehte vor allem aus Süditalien. Wesentlichen Anteil an der Einbringung antiken Wissens im Westen hatte die *Schule von Salerno,* die nicht nur als eine der ersten medizinischen Hochschulen Europas gilt, sondern schon damals Frauen offen stand. Den Mittelpunkt zwischen Tradition und Aufbruch bildet in der Renaissance der große Querdenker Paracelsus. Als Wanderarzt, der sich einen weiten Horizont erworben hatte, versuchte er uraltes Geistesgut der Alchemie auf christlichem Boden fruchtbar zu machen. Für die Renaissance stehen aber auch die »Väter der Botanik«, die mit bestechend naturgetreu illustrierten Kräuterbüchern der neu entstandenen Druckerzunft das Vorbild für eine wahre Flut an volksnahen »Doktorbüchern« lieferten. Mit einfachen Anleitungen zum Selbstkurieren machen sich fortan immer wieder Naturheilkundige bei Apothekern und elitären Ärzten unbeliebt.

Für die romantischen Ärzte um 1800 war Psychologie kein Fremdwort mehr. Als strenge Zuchtmeisterin will Krankheit einen geistigeren Menschen hervorbringen. Goethe war zwar kein Arzt, aber ein hellsichtiger Seelenkenner. Um sich versammelte er dann auch die fähigsten Mediziner seiner Zeit, die ihr Fach wieder als Kunst begriffen, eine die »den ganzen Menschen beschäftigt, weil sie sich mit dem ganzen Menschen beschäftigt.« Für die Alternativmedizin künftiger Tage wird nun das Fundament gelegt: Man dynamisiert die Natur, separiert und potenziert ihre Information, überträgt mit den Händen heilende Ströme. Gründe und Folgen dieser Verfahren erhellen wissenschaftliche Sätze. Unerschrockene Ärzte wie Hahnemann und Mesmer haben der Akzeptanz einer geistigen, unsichtbaren Welt den Boden geebnet. Im Jahre 1920 stößt Steiners anthroposophische Medizin bereits in weitem Feld auf positive Resonanz. Mit der Psychoanalyse Freuds, vor allem aber durch die Erforschung des kollektiven Unbewussten durch Jung schließt sich der Kreis jener bedeutenden Heilkundigen, die uraltes, oft nur Eingeweihten zugängliches Wissen, dem neuen Jahrtausend erschlossen haben.

Asklepios, griechisch-römischer Gott der Heilkunde. *Statue aus dem berühmtesten ihm geweihten Kultzentrum Epidauros. Auf fast allen Darstellungen wird Asklepios von einer sich um den Stab windenden Schlange begleitet. Die Asklepiosnatter ist jedoch ein gutartiges Tier, sie wirkte bei den Heilungen durch Berührungen mit. Im beginnenden Mittelalter erhielt der Schlangenstab die Bedeutung, die er bis heute behalten hat: Als Symbol der Heilkunst und des Ärztestandes.*

I

Antike

Das Wissen der alten Weisen

Rein muss sein, wer in den duftenden Tempel tritt, rein sein ist aber, heilige Gedanken zu haben.

Inschrift im Asklepieion von Epidauros
Porphyrios, De Abstinentia II 19[1]

Heilkundige Philosophen

Wie der Ackerbau den Gesunden Nahrung sicherte, so brachte die Medizin dem Kranken Gesundung. Seit Urzeiten sind Menschen mit Kräutern und anderen Mitteln zur Heilung von Wunden und Krankheiten vertraut. In der westlichen Welt waren es besonders die alten Griechen, die durch die Verbindung zu den alten Hochkulturen Ägypten und Mesopotamien in der Heilkunst sehr weit fortgeschritten waren. Zunächst galt die Heilkunde als Teil der Philosophie, viele ihrer Lehrer sind Heilkundige gewesen, am berühmtesten unter ihnen Pythagoras, Empedokles und Demokrit. Pythagoras sammelte im 6. Jahrhundert v. Chr. eine große Anzahl Schüler und Anhänger um sich, die ein Gemeinschaftsleben nach hohen ethischen Grundsätzen führten. Körperliche Reinheit im weitesten Sinne galt als erste Voraussetzung für die Erkenntnisfähigkeit der Seele. So regelten ins einzelne gehende Vorschriften die Speisen, die weder blähend noch belastend, nicht zu scharf, heiß oder trocken und vor allem nicht fleischlich sein sollten. Hygiene, Kleidung, Leibesübungen, Wach- und Schlafgewohnheiten waren gleichermaßen durchdacht, auch im Hinblick auf ein Übermaß, welches das für die Griechen so wichtige Ordnungsprinzip der Harmonie störte. So entstand eine umfassende Regelung des täglichen Lebens, eine »Diät« ganz im ursprünglichen Sinne. Erkrankte ein Mensch, so sollte er zunächst seine Lebensweise überprüfen und richten. Für den Ernstfall war die Zuhilfenahme eines Pharmakons erlaubt, das »Schneiden und Brennen« aber, gemeinhin das Standardmittel damaliger Ärzte, war unter den Anhängern des Pythagoras verpönt. Die pythagoreische Lehre war die Grundlage vieler Diätlehren späterer Zeit, die ebenfalls den gesamten Lebenswandel konsequent ihren Heilungsprinzipien unterwarfen.

Empedokles führte im 5. Jahrhundert v. Chr. die auf den Urstoffen Luft, Feuer, Erde und Wasser basierende Vier-Elemente-Lehre ein, welche für das naturwissenschaftliche Weltbild der Antike maßgeblich wurde und bis ins 19. Jahrhundert auch die Medizin beeinflusste. Demokrit (um 400 v. Chr.), entschieden geprägt durch weite Reisen, vor allem durch seinen Aufenthalt in Babylonien, postulierte in seiner Atomtheorie, dass die gesamte Natur aus kleinsten unsichtbaren Einheiten zusammengesetzt sei. Nur scheinbar habe ein Ding eine Farbe, nur scheinbar sei es süß oder bitter, in Wirklichkeit gebe es nur Atome im leeren Raum. Seine überaus zahlreichen Schriften, darunter fünf medizinische, zeigen, dass sich seine Kenntnisse über den ganzen Umfang des damaligen Wissens erstreckten. Schon seine Zeitgenossen nannten ihn den »lachenden« Philosophen. Im Krankheitsfall galt es die gestörte Ordnung der Atome diätetisch-medikamentös, aber auch psychotherapeutisch wiederherzustellen. *Euthymia*, Wohlgemutheit bezeichnete er als des Menschen höchstes Gut. *»Wohlgemutheit erringen sich die Menschen durch Mäßigung der Lust und Harmonie des Lebens. Mangel und Überfluß aber pflegt umzuschlagen und große Erregungen in der Seele zu verursachen. Die in starken Gegensätzen sich aufregenden Seelen sind weder beständig noch wohlgemut. Man muß also sein Denken auf das Mögliche richten und sich mit dem Vorhandenen begnügen, ohne der Beneideten und Bewanderten viel zu achten und in Gedanken ihnen nachzujagen. Vielmehr muß man auf die Lebensschicksale der Trübsalbeladenen schauen und sich ernstlich ihre Leiden vergegenwärtigen, auf daß dir deine gegenwärtige Lage groß und beneidenswert erscheine [...] Hältst du dich also an diese Einsicht, so wirst du wohlgemuter leben und in deinem Leben nicht wenige Fluchgeister verscheuchen: Neid, Ehrsucht und Verbitterung.«*[2]

Zwischen Wissenschaft und Kult: Hippokrates

Im 5. Jahrhundert v. Chr. erreichte das alte Griechentum in Kunst, Dichtung und Architektur seinen schöpferischen Höhepunkt, die sogenannte klassische Epoche. In diese herausragende Zeit fällt das Leben des wohl bedeutendsten Arztes der griechischen Antike, des berühmten Hippokrates von Kos, der unsere europäische Medizin bis heute so maßgeblich prägen sollte. Der Meister unter den griechischen Heilkundigen gehörte zur Familie der Asklepiaden, die ihren Ursprung auf den mythischen Heilergott Asklepios zurückführten und seit Generationen den Arztberuf ausübten. Hippokrates wurde auf der Ägäisinsel Kos geboren, am 27. Agrianios 460 v. Chr. nach koischem Kalender. Seine Jugend verbrachte er auf Kos und studierte neben der Ausbildung bei seinem Vater Herakleidas, auch die Krankengeschichten und Heilungsberichte, die im Tempel des Asklepios aufbewahrt wurden. Daneben wurde er von einem Gymnastiklehrer namens Herodikos von Selymbria und den Philosophen Gorgias, Prodikos und Demokrit unterrichtet. Als junger Mann verließ Hippokrates Kos und wirkte zunächst in Thessalien, einer Region im nördlichen Griechenland, als Arzt. Seine zunehmende Berühmtheit brachte ihm weitere Einladungen ein, so dass er offenbar viel und weit durch Griechenland und Kleinasien reiste und das bewegte Leben eines typischen Wanderarztes führte. Den Lebensabend verbrachte er wieder in Thessalien, wo er in hohem Alter um 370 v. Chr. starb.[3]
Hippokrates gilt als Begründer der Medizin als Wissenschaft und sein Name steht für eine umfangreiche Sammlung medizinischer Schriften, die allerdings inhaltlich wie stilistisch große Unterschiede aufweisen, so dass ihm keine mit Sicherheit als Verfasser zugewiesen werden kann. Fest steht jedoch, dass

Links: Hippokrates wie er auf antiken Münzen und Medaillen abgebildet wurde.
Rechts: Asklepios mit seiner Tochter Hygieia, der personifizierten Gesundheit.
Fürsorglich nimmt sie sich der Schlange an, Symbol der Transformation, das dem
Vater heilige Tier. Marmorrelief, Ende 5. Jahrhundert v. Chr.

diese Sammlung, das sogenannte *Corpus Hippocraticum,* Werke enthält, die zum Teil von Angehörigen der koischen Ärzteschule geschrieben wurden, als deren geistiger Ahnherr Hippokrates gilt, zum Teil aber auch in der Tradition der Ärzteschule der kleinasiatischen Stadt Knidos. Zu den frühesten hippokratischen Schriften gehören die Bücher I und III von den insgesamt sieben Büchern der *Epidemien* und das *Prognostikon.* Noch im 5. Jahrhundert v. Chr. entstanden, dürfen sie am ehesten als authentische Schriften des Hippokrates gelten.

Die *Epidemien* umfassen nach ursprünglichem Wortsinn »im Volk verbreitete Krankheiten« - größerer Bevölkerungsgruppen wie einzelner Individuen - die Hippokrates wohl als Wanderarzt aufgezeichnet hatte. In loser Folge werden in sachlichem Proto-

13

koll komplexe Krankheitssituationen unter Beobachtungen von Klima, Landschaft und Lebensweise geschildert. Doch nicht die fertige Diagnose samt Therapieplan wird angeboten, sondern vielmehr soll jeder Arzt selbstständig unter Berücksichtigung »der gemeinsamen Natur aller Menschen und der eigentümlichen Konstitution jedes einzelnen«, jede neue Situation durch Fragen und Beobachtungen auch neu und individuell bewerten. Bemerkenswert ist, dass neben Krankheitssymptomen, Verhalten des Kranken und den Verordnungen auch die Qualität der Beziehung zum behandelnden Arzt für die Beurteilung von Bedeutung ist.[4] Erst das Zusammenwirken körperlicher wie seelischer Faktoren erlaubte Schlüsse auf einen günstigen oder schwierigen Heilungsprozess.

In einer Zeit, in der es kein klinisches Nachschlagewerk gab, keine Labortests, kein Röntgen, nicht einmal ein Fieberthermometer, kam der Leseart der Krankheitsbilder größte Bedeutung zu. So legte Hippokrates außerordentlichen Wert darauf, »daß der Arzt sich in der Prognose übe. Denn wenn er am Krankenbett von sich aus erkennt und ankündet, was da ist, was geschehen ist und was noch eintreten wird, wenn er ferner lückenlos darlegt, was die Kranken ihm verheimlichen, so brächte man ihm größeres Zutrauen entgegen, daß er das Schicksal der Kranken durchschaue. Daher würden es die Kranken wagen, sich dem Arzte anzuvertrauen. Zudem könnte er die Behandlung am erfolgreichsten durchführen, wenn er im Voraus weiß, welche Leiden aus den gegenwärtigen sich entwickeln werden.«[5]
Der beste antike Arzt hatte immer auch etwas vom seherischen Vermögen eines Tempelpriesters. Konnte er die Hoffnung auf Heilung nicht erfüllen, scheute er sich nicht, die Weiterbehandlung dem großen Heilergott Asklepios anzuvertrauen. Dem entsprach die grundsätzliche Haltung, in aussichtslosen Fällen die Behandlung abzulehnen. Selbst im hippokratischen Eid bleibt

Oft erwarteten Kranke im »Abaton«, dem Liegeraum des Asklepios-Tempels, die Heilung schlafend. Im Traum erschien ihnen der Gott begleitet von seinen Gehilfen, fragte nach den Leiden, berührte, operierte, verabreichte Arzneien oder gab Anweisungen, die am nächsten Tag auszuführen waren. Relief aus dem 4. Jh.v.Chr.

unerwähnt, dass der Arzt einem jeden, der ärztlicher Hilfe bedarf, nach Kräften helfen muss, so wie es heute in den Berufsvorschriften der Ärzte enthalten ist.[6] Eine solche Haltung erforderte aber einen Ausgleich, eine Instanz, an die sich die Abgewiesenen in ihrer Not wenden konnten, und hier stieg Asklepios auf wundersame Weise vom Götterhimmel und half allein durch die Macht seiner Gegenwart. Die Wechselwirkung zwischen der kraftvollen Ausstrahlung des heiligen Ortes und der Bereitschaft und dem Willen des Kranken, sich heilen zu lassen, ermöglichte es Asklepios oft in scheinbar aussichtslosen Fällen noch Wunder zu vollbringen.

Ungeachtet göttlicher Notfallintervention beinhalten alle Schriften des Hippokrates das Bestreben um eine Medizin, die auf vernunftgemäßer Naturbeobachtung und nicht mehr auf Gottesstrafe basiert. Gesunde und krankhafte Vorgänge im Körper will man verstehen und auf natürliche Gegebenheiten wie den Säftehaushalt des Organismus, die Ernährung und klimatische Verhältnisse zurückführen, um mit rational begründbaren Mitteln zu behandeln. Die griechische Philosophie mit ihrem Glauben an eine allmächtige Naturmacht lieferte eine wichtige Grundlage für diese Auffassung. Anders als die allzu menschliche Götterschar des Olymp zeigte sich der Gott des Aristoteles als geistiges Prinzip, »der unhintergehbare Anfang aller Ursachenketten«[7], wie ihn die Philosophin Annemarie Pieper bezeichnet. Dieser Gott bewegte sich aus sich selbst heraus und zwar auf die vollkommenste Weise, die entsprechend der griechischen Vorstellung von Vollkommenheit eine Kreisbewegung war. Und diese in sich geschlossene Bewegung gab das Vorbild für die Menschen, die sich an den regelmäßigen Bahnen der Gestirne als sichtbarem Ausdruck der göttlichen Selbstumkreisung orientieren konnten. Genauso wie an der Sphärenharmonie, eine für die alten Griechen vollendete Himmelsmusik, die in ihrer Vorstellung durch die Bewegung der Himmelskörper entstand. Ob in Philosophie, Wissenschaft oder Staatslehre, großen Wert wurde auf Ordnung und Ausgewogenheit gelegt. Harmonie und rechtes Maß zählten zu den höchsten griechischen Idealen.

In der Schrift *Über die Umwelt*, die zum ältesten Bestand der hippokratischen Sammlung gehört, wird Ärzten folgender Ratschlag gegeben: *»Denn wenn man den jeweiligen Wechsel der Jahreszeiten und den jeweiligen Auf- und Untergang der Gestirne kennt und weiß, wie sich jede einzelne dieser Erscheinungen vollzieht, dürfte man wohl im voraus wissen, wie sich das Jahr gestalten wird. Wenn jemand sich in dieser Weise Gedanken macht und vorher Bescheid weiß, dürfte er wohl am besten den jeweils rechten Zeitpunkt in jedem einzelnen Fall wissen, in den meisten Fällen die Gesundheit wiederherstellen und in seiner Kunst nicht am wenigsten Erfolg haben.«*[8]

Insbesondere das Mischverhältnis der Körpersäfte, aus dem sich Gesundheit oder Krankheit ableiteten, knüpfte an die Harmonielehre an. Als Lebensträger im Körper wurden gelbe Galle, schwarze Galle, Blut und Schleim angenommen. Diese Säfte werden durch Qualitäten der Wärme und Feuchtigkeit beschrieben und über das Blut und auch über die Nerven im Körper verbreitet. Mit den Jahreszeiten ergeben sich Schwankungen, so dass in jeder Jahreszeit ein Saft überwiegt: Im Winter Schleim, im Sommer gelbe Galle und im Herbst schwarze Galle. Organe fühlten sich heiß oder kalt an, waren voll oder leer und die Diagnose beschrieb diesen Zustand und war verständlich. Die antiken Mediziner lehrten ebenso, dass Krankheiten nicht unvermeidbar sind, sondern durch gesunde Lebensführung und verantwortungsbewusstes Verhalten verhindert werden können. Hippokrates betonte, die Naturen seien die Ärzte der Krankheiten (Epidemien 6,5,1.). Er war überzeugt von der heilenden Kraft der Natur, deren Kampf gegen die Krankheit der Arzt bestmöglich unterstützen soll. Zunächst durch die Verordnung einer sogenannten »diaita«, die damals weit über die Regelung von Essen und Trinken hinausging und die ganze Lebensführung mit einbezog. Nicht nur Genesung oder die Vorbeugung zur Verhinderung von Erkrankung waren Ziel einer Diät, sondern die Vervollkommnung der Gesundheit und Lebensqualität, je nach den Möglichkeiten des Einzelnen, wozu auch die Arbeit, die Erholung, der Sport, die Körperpflege, der Gebrauch der Stimme, das Schlafen, das Wachsein sowie die Sexualität zählten. Und diese Lebensregeln waren niemals starr vorgeschrieben, sondern immer individuell an die betreffende Person angepasst.

Das enorme Themenspektrum der mehr als 60 hippokratischen Schriften, die ab dem 3. Jahrhundert v. Chr. vor allem in der Wissenschaftsmetropole Alexandria zu einem Gesamtkorpus

*Das **Asklepieion von Kos** verdankt seine Bedeutung Hippokrates, wurde aber in der monumentalen Form erst nach seinem Tode errichtet. Das kultische Zentrum mit Tempel, Altar und Abaton befand sich auf der mittleren der drei Terrassen, die alle einmal mit Weihegeschenken übersät gewesen sind.*

zusammengetragen worden sind, zeugen von jahrtausendealtem zusammengeflossenem Heilwissen. Die Person des Hippokrates wurde zum Brennpunkt in der Geschichte der Heilkunst, in dem sich alle früheren ärztlichen Kenntnisse sammelten. In der Frühkultur Griechenlands, im alten Ägypten und Persien wirkte der Geist, der von den alten Mysterienkulten gespeist wurde. Religion, Kunst und Wissenschaft waren noch eine Einheit. Priester waren zugleich Heiler und die Medizin ein Teil der Mysterienweisheit. Diese unterstand der absoluten Schweigepflicht, um eingeweihtes Wissen vor Missbrauch und Missverständnissen zu schützen. Auch wenn das *Corpus Hippocraticum* mit Sicherheit einer breiteren Leserschaft bestimmt war und nicht nur Experten, von dieser Mysteriengesinnung war auch Hippokrates noch erfüllt. »Niemals vertraue der Arzt dem Laien etwas an.«[9]

18

Nichts lässt die zentrale Stellung des Hippokrates in der Geschichte der Heilkunst so deutlich werden wie das berühmte Gelübde der griechischen Ärzte, das bis heute seinen Namen trägt: Der Eid des Hippokrates. Mehr als 2000 Jahre diente er Ärzten als Leitbild und sorgte dafür, dass für ärztliches Handeln immer hohes ethisches Verantwortungsbewusstsein Bedingung war.

Ich schwöre bei Apollon[10], dem Arzt, bei Asklepios, und Hygieia und Panakeia[11] und bei allen Göttern und Göttinnen, indem ich sie zu Zeugen mache, dass ich entsprechend meiner Kraft und meinem Urteilsvermögen folgenden Eid und folgenden Vertrag erfüllen werde:

Denjenigen, der mich diese Kunst lehrte, gleich zu achten meinen Eltern, ihn an meinem Lebensunterhalt teilhaben zu lassen und ihm an den für ihn erforderlichen Dingen, wenn er ihrer bedarf, Anteil zu geben, seine Nachkommenschaft meinen männlichen Geschwistern gleich zu werten, sie diese Kunst zu lehren, wenn sie sie zu lernen wünschen, ohne Entgelt und Vertrag, an Unterweisung, Vorlesung und an der gesamten übrigen Lehre Anteil zu geben meinen Söhnen und den Söhnen dessen, der mich unterrichtet hat, den vertraglich gebundenen und durch ärztlichen Brauch eidlich verpflichteten Schülern, sonst aber niemandem.

Diätesche Maßnahmen werde ich zum Nutzen der Kranken entsprechend meiner Kraft und meinem Urteilsvermögen anwenden; vor Schaden und Unrecht werde ich sie bewahren.

Auch werde ich niemandem auf seine Bitte hin ein tödlich wirkendes Mittel geben, noch werde ich einen derartigen Rat erteilen; in gleicher Weise werde ich auch keiner Frau ein fruchtabtreibendes Zäpfchen geben. Rein und heilig werde ich mein Leben und meine Kunst bewahren.

Das Schneiden werde ich nicht anwenden, nicht einmal bei Steinleidenden, dies werde ich vielmehr den Männern überlassen, die diese Tätigkeit ausüben.

In alle Häuser, die ich betrete, werde ich eintreten zum Nutzen des Kranken, frei von jedem absichtlichen Unrecht, von sonstigem verderblichen Tun und von sexuellen Handlungen an weiblichen und männlichen Personen, sowohl Freien als auch Sklaven.

Was auch immer ich bei der Behandlung oder auch unabhängig von der Behandlung im Leben der Menschen sehe oder höre, werde ich, soweit es niemals nach außen verbreitet werden darf, verschweigen, in der Überzeugung, daß derartige Dinge unaussprechbar sind.

Wenn ich nun diesen Eid erfülle und nicht verletze, möge mir zuteil werden, dass ich mich meines Lebens erfreue, geachtet bei allen Menschen für alle Zeit, wenn ich ihn aber übertrete und meineidig werde, möge das Gegenteil davon eintreten.[12]

Dieses Weihrelief aus Athen zeigt ein antikes Arztbesteck, eingerahmt von zwei Schröpfköpfen, die in der Humorallehre eine wichtige Rolle spielten, um das Ungleichgewicht der Säfte auszugleichen.

Giftmischer oder Heiler?
Erste Pharmakologen

Die bekannteste und wohl wertvollste Quelle über antike Heilkunst ist der altägyptische *Papyrus Ebers*.[13] Die Papyrusrolle stammt vermutlich aus einer Raubgrabung und konnte durch den Ägyptologen Georg Ebers im Jahr 1873 für eine hohe Geldsumme für das Museum der Stadt Leipzig erworben werden. Die senkrecht in heiliger, hieroglyphenartiger Schrift aufgeführten Mittel und magischen Formeln zeugen von der engen Verflechtung von Heilkunst und Heilkult. Der von Ebers übersetzte Text berichtet über Krankheiten, die Behandlungsmethoden, über alle für den jeweiligen Fall in Frage kommenden Mittel und über den genauen Zeitpunkt für die Einnahme. Durch die Bildungsreisen der griechischen Gelehrten weiß man, dass die meisten Ärzte am Nil Priester waren, die sich teilweise als Augen-, Wund- oder Hautärzte spezialisiert hatten. Ihre medizinischen Kenntnisse gaben sie an die Besucher weiter. Entsprechend hoch war die Heilkunst im antiken Griechenland entwickelt, wo sich Ansätze rationaler Medizin mit volkstümlichem Heilwissen und auch mit Magie mischten.

Die systematische Erforschung der Natur setzte in großem Umfang erst im 4. Jahrhundert vor Christus ein. Nicht allein zu medizinischen Zwecken, doch die Heilkunst zog ihren Nutzen daraus und die Erweiterung des Weltbildes durch die Feldzüge Alexanders brachte diese auch mit neuem Wissen in Kontakt. An erster Stelle des Interesses standen die Heilpflanzen. Die Entwicklung der antiken Pharmakologie wird daher von einer Folge von Pflanzenbüchern[14] bestimmt, in denen die damals bekannte Pflanzenwelt teils rein botanisch, teils unter dem Aspekt ihrer Heilwirkung beschrieben wird. Das nicht erhalten gebliebene »Wurzelschneidebuch« (*Rhizotomikon*) des von Plinius mit dem Ehrennamen »zweiter Hippokrates« bedachten Diokles von Karystos (4. Jh. v. Chr.) dürfte eines der frühesten gewesen sein. Dagegen sind die Schriften über *Die Geschichte der Pflanzen* und *Den Ursprung der Pflanzen* des Aristoteles-Schülers Theophrastos von Eresos (4. Jh. v. Chr.) nicht nur in die antike Naturwissenschaft eingegangen, sondern auch von der frühneuzeitlichen Forschung rezipiert worden. Ferner verfasste Nikandros von Kolophon (2. Jh. v. Chr.) zwei Werke in Versform über Stiche und Bisse von Tieren (*Theriaka*) und andere über den Mund aufgenommene Gifte (*Alexipharmaka*).

Das griechische Pharmakon konnte Gift, Droge oder Heilmittel sein. Die Definition war fließend, allein die Dosis entschied, ob es heilte oder tötete. Diese enge Verbindung von Gift und Arznei räumte den speziellen Schriften über Gifte und Gegengifte in der Antike einen breiten Raum ein. Einen zweifelhaften Ruf als Forscher auf diesem Gebiet erwarb sich Mithridates VI. (132 - 66 v. Chr.), König von Pontos, dem größten und einflussreichsten Königreich Kleinasiens. Der Giftmord als Mittel der Politik veranlasste ihn zu eigenen Studien. Er machte sich mit einschlägiger Literatur vertraut, schreckte aber auch vor »Experimenten« nicht zurück. In der Hoffnung einen Schutz gegen absolut alle tödlichen Gifte zu finden, vermischte er sämtliche bekannten Gegengifte zu einem einzigen, welches er *Mithridatium* nannte. Mithridates selbst soll dieses Mittel jeden Tag eingenommen haben. Dass es ausgezeichnet wirkte, zeigte sich, als er sich entschlossen hatte, lieber durch die eigene Hand zu sterben, als in die Gewalt der Römer zu kommen. Kein Mittel konnte er finden, was ihn hätte töten können.[15]

II

Lichter in einer dunklen Zeit

Von der Tiefe bis hoch zu den Sternen
überflutet die Liebe das All,
liebend ist sie zugetan allem

Hildegard von Bingen
Carmina, 16[16]

Heilkunst als Heilslehre
Hildegard von Bingen

Wer den Namen Hildegard von Bingen hört, denkt unwillkürlich an Klostermedizin und Pflanzenkunde. Doch damit allein wird man dem ganzheitlichen Universalwerk der Hildegard nicht gerecht. Sie war Schriftstellerin, Dichterin, Ärztin, Apothekerin, Komponistin, Schöpferin einer eigenen Schrift und gilt als erste deutsche Naturwissenschaftlerin. Sie leitete zwei Frauenklöster und erneuerte das Klosterwesen wie keine weibliche Ordensperson nach ihr. Darüber hinaus stand sie in engem Austausch mit den Mächtigen ihrer Zeit und wurde von Kaiser Barbarossa als Beraterin geschätzt. Schon zu Lebzeiten galt sie als Heilige und kirchlich anerkannte Seherin: » ... und meine Eltern weihten mich Gott unter Seufzern, und in meinem dritten Lebensjahr sah ich ein so großes Licht, daß meine Seele erzitterte ... «[17]

Geboren wurde Hildegard im Jahre 1098, kurz nachdem der erste Kreuzzug in den nahen Osten aufgebrochen war, obgleich eines der dunkelsten Kapitel der Kirchengeschichte, eine bis dahin nicht gekannte Begegnung der verschiedenen Kulturen. Diese wirkte sich auf das ganze Abendland aus, und auch Hildegard sollte später in ihren Studien der aristotelischen Schriften und der Werke arabischer Natur- und Heilkunde nachhaltig von diesem Austausch profitieren.

Im frühen Alter von 8 Jahren gaben ihre Eltern, die Edelfreien Hildebert und Mechthild von Hosenbach, ihr zehntes Kind, wie es die Tradition verlangte, ins Kloster. Unter Obhut der acht Jahre älteren Jutta von Sponheim lebte Hildegard fortan in absoluter Abgeschiedenheit in der Frauenklause des Benediktinerklosters Disibodenberg.

Hildegard empfängt eine göttliche Inspiration. Vor ihr an einer kleinen Fenster-öffnung, einzige Verbindung zwischen Fraueninklusorium und Mönchskloster, ihr Schreiber Vollmar, der ihre Aussagen in sauberes Latein übersetzt. 12. Jahrhundert.

Seit Generationen waren die Klöster anerkannte Hochburgen klassischer Bildung und Wissenschaft und übten bis zum Aufkommen der Universitäten am Ende des 12. Jahrhunderts eine große Anziehungskraft auf den bildungshungrigen europäischen Adel aus. Hildegard war sich ihres Privilegs wohl bewusst, jede freie Minute nutzte sie um zu lernen und sammelte so einen großen Wissensschatz an. In einem Alter, in dem die Kräfte der meisten mittelalterlichen Frauen erschöpft waren, so sie das Kindbett überlebten, fing das eigentliche Wirken Hildegards erst an. Nach dem Tode Juttas wurde sie mit 38 Jahren zur Oberin der kleinen Frauengemeinschaft gewählt und setzte umgehend zahlreiche Veränderungen durch. So lockerte sie die Askese, die Anzahl und Gänge der Gebete wie die strengen Speisebestimmungen zu Gunsten anderer Tätigkeiten wie Krankenpflege oder Gartenarbeit.

Führung aus höheren Sphären

Bereits seit ihrer Kindheit verfügte Hildegard über die Gabe des Sehens. *»Bis zu meinem 15. Lebensjahr war ich jemand, der vieles sah und mehr noch einfältig aussprach, sodass auch die, welche diese Dinge hörten, verwundert fragten, woher sie kämen und von wem sie stammten.«*[18] 30 Jahre lang verschwieg sie ihre Gesichte. Schließlich nahmen die Erscheinungen an Stärke und Häufigkeit zu, drängten Hildegard, sich zu öffnen. Sie selbst beschrieb den großen Wendepunkt in ihrem Leben im Vorwort zu ihrem Erstlingswerk »Scivias«:

»Im Jahre 1141 der Menschwerdung Jesu Christi, als ich 42 Jahre und sieben Monate alt war, kam ein feuriges Licht mit Blitzesleuchten vom Himmel hernieder. Es durchströmte mein Gehirn und durchglühte meine Brust. Und plötzlich erschloß sich mir der Sinn der Schriften ... Und ich vernahm eine Stimme vom Himmel, die zu mir sprach: »Schreibe auf, was du siehst und hörst!« ... Und weiter an anderer Stelle: *»Ich sehe all diese Dinge nicht mit den äußeren Augen und höre sie nicht mit den äußeren Ohren; ich sehe sie vielmehr einzig und allein in meinem Inneren, aber mit offenen leiblichen Augen, so daß ich niemals die Bewußtlosigkeit einer Ekstase erleide, sondern wachend schaue ich dies bei Tag und bei Nacht.«*[19]

Zehn Jahre lang arbeitete sie unermüdlich an dem Buch »Liber Scivias Domini« (Wisse die Wege des Herrn), das mit seinen

Der Text und die 35 Visionsbilder, als deren geistige Schöpferin Hildegard gilt, gehören im Scivias-Kodex organisch zusammen. In der Kunstgeschichte werden die Bilder als einzigartig betrachtet, da sie sehr von der traditionellen Ikonografie abweichen. Links: Die wahre Dreiheit in der wahren Einheit. Rechts: Mystischer Leib.

ebenso farbenfrohen wie ausdrucksstarken Visionsbildern ihren Ruf als Prophetin bis in unsere Zeit hinein begründet. Faszinierend an Hildegards Visionen ist nicht nur die inhaltliche Fülle und Vielseitigkeit, sondern vor allem auch die einzigartige Verknüpfung theologischer, kosmologischer, naturkundlicher und spiritueller Erkenntnisse. Alles Geschaute erhält auf den verschiedensten Ebenen seinen Sinn und seine Entsprechung. Alles ist miteinander verbunden und aufeinander bezogen. Hildegard ging es um eine religiöse Deutung des ganzen Universums und um konsequent gelebte Christlichkeit in allen Bereichen des Lebens. Alles, Himmel und Erde, Glaube und Naturkunde, das menschliche Leben in all seinen Facetten und Möglichkeiten, war für sie ein Spiegel der göttlichen Liebe - speculum divinae caritatis.[20]

Schon im Entstehungsprozess fand Hildegards *Scivias* weithin Beachtung. Mit Hilfe des Mainzer Erzbischofs Heinrich und des einflussreichen Kirchenlehrers und Mystikers Bernhard von Clairvaux gelangte die Schrift im Jahre 1147 sogar bis zur Reformsynode in Trier, an der auch Papst Eugen III. teilnahm. Dieser las – bis dahin ein Ding der Unmöglichkeit – den dort versammelten Bischöfen persönlich aus Hildegards Werk vor und beglaubigte damit den Inhalt mit seiner höchsten kirchlichen Autorität. Durch die Unterstützung von oberster Instanz rückte endlich auch der langgehegte Wunsch eines eigenen Klosters in greifbare Nähe. Gemeinsam mit zwanzig Schwestern gründete Hildegard zwischen 1147 und 1150 das Kloster Rupertsberg bei Bingen und später das Kloster Eibingen bei Rüdesheim.

Der kosmische Mensch

Noch während des Umzugs zum Rupertsberg entstand das Mysterienspiel »Ordo Virtutum« (Ordnung der Kräfte), welches im Jahr 1152 anlässlich der Weihe der neuen Abteikirche uraufgeführt wurde. In 35 dramatischen Dialogen fechten Tugenden und Laster ihren ewigen Kampf um die Seele des Menschen aus. Der Mensch ist in diesem Kampf aufgefordert, sich immer wieder neu zu entscheiden. Er ist dazu fähig, weil ihm von Natur aus das Wissen um Gut und Böse gegeben ist, jene Gewissensinstanz, die tief im Inneren anzeigt, was richtig und was falsch ist. Rechtes Handeln und ein Leben gemäß bestimmter Werte wie Ehrfurcht, Liebe, Wahrheit, Treue, Maßhaltung, Freude und Hoffnung betrachtete Hildegard nicht nur von der ethischen Seite, sondern als Mittel und Weg zu heilem und gesundem Leben. Sittliches Handeln und Gesundheit gehörten untrennbar zusammen.

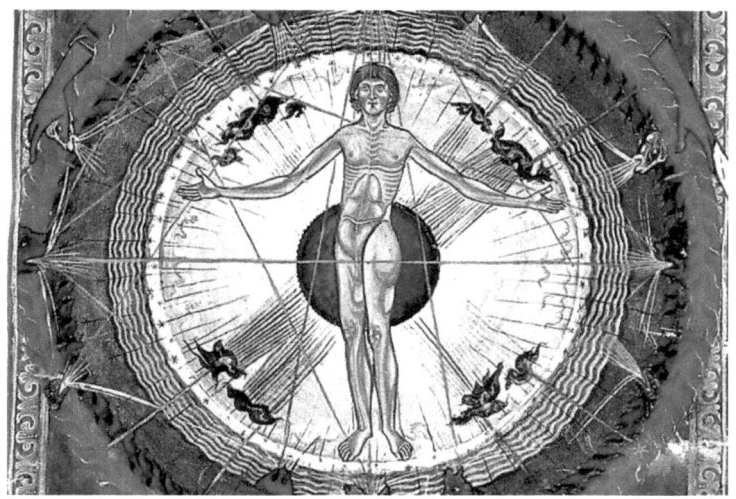

Mitten im Weltenbau steht der Mensch.
Liber Divinorum Operum, 1165.

An den Anfang ihrer Heilkunde stellte Hildegard die Erschaffung der Welt aus der Ewigkeit Gottes, - eine Welt, in deren Zentrum der Mensch in seiner Abhängigkeit hineingestellt wurde, die er in seiner Gestalt widerspiegelt und in der er schöpferisch fruchtbar wird: Denn der Mensch allein ist Geschöpf und Schöpfer zugleich. *»Denn er ist bedeutender als alle übrigen Geschöpfe, die doch abhängig von jener Weltstruktur bleiben. An Statur ist dieser Mensch zwar klein, an Kräften des seelischen Vermögens jedoch gewaltig. Sein Haupt nach aufwärts gerichtet, die Füße auf festem Grund, vermag er sowohl die oberen als die unteren Dinge in Bewegung zu versetzen. Was er mit seinen Werken rechter und linker Hand auch bewirkt, das durchdringt jenes All, weil er in der Kraft seines inneren Menschen die Möglichkeit hat, solches ins Werk zu setzen. Wie nämlich der Leib des Menschen das Herz an Größe*

29

*Immer wieder erscheint in den Visionen Hildegards die Symbolik des Kreises,
Ausdruck kosmischer Ganzheit:* **Gottes Werk** *(Abb.), Caritas, der Kosmische
Mensch, der Chor der Engel, die Heilige Dreifaltigkeit. In seiner Vollkommenheit
findet der Kreis eine Entsprechung in der »Viriditas«, der Kraft im Grünenden,
welche die keimende Lebensfrische aller natürlichen Dinge gleicherweise umfasst:
Genesungsprozesse im biologischen Organismus, geistige Vitalität und seelische
Gesundheit.*

übertrifft, so sind auch die Kräfte der Seele gewaltiger als die des Körpers, und wie das Herz des Menschen im Körper verborgen ist, so ist auch der Körper von den Kräften der Seele umgeben, da diese sich über den gesamten Erdkreis hin erstrecken.«[21]

Viriditas: Urstand im Grünen

Allgemein ist von visionären Menschen bekannt, dass sich für Eindrücke aus der geistigen Welt oft schwer die richtigen Worte finden lassen. Dies könnte zumindest einer der Gründe gewesen sein, wieso Hildegard eine eigene unbekannte Sprache, die sogenannte *Lingua Ignota*, mit ca. 900 neuen Begriffen erfunden hat. Ein in ihren Schriften immer wieder auftauchender Begriff ist *Viriditas*[22], abgeleitet vom lateinischen *viridis = grün*, übersetzt mit »Grünkraft«, eine lebendige Grundkraft, die der gesamten Natur, Menschen, Tieren, Pflanzen und Mineralien innewohnt. Ihren Ursprung aber hat die *Viriditas* außerhalb der materiellen Natur, sie kommt aus der *vis aeternitatis*, aus der Kraft der Ewigkeit, direkt aus Gottes Hand oder Finger, wurzelt in der Sonne, lebt in der Luft, geht dank der Weisheit-Sophia aus der Ordnung des Makro- und Mikrokosmos hervor, entspringt dem Wort Gottes. Diese in allem steckende Grundkraft ist nach Ansicht von Hildegard die essenzielle Grundlage aller Heilung. Sie ermöglicht ein gesundheitliches Wiedererblühen bedingt durch das Eindringen von Licht. So gehört zur Viriditas das Leuchten in strahlender Helle, oder in Heiterkeit verbreitete Klarheit und Tugend. Wenn Menschen Maß halten, Gerechtigkeit, Barmherzigkeit, Geduld und Demut üben, sind sie erfüllt von der Viriditas. Diese Kraft leuchtet im Kreis, im Rad, Sinnbild für Gott, der ohne Anfang und Ende ist, das runde Ganze, Gesamtheit des Seins.

Die Kraft der Barmherzigkeit

Gesundsein ist für Hildegard von Bingen »creatio continua«, eine permanente Zeugung aus dem lichten Grün der »viriditas«. Kranksein dagegen eher ein Herausfallen aus der Ordnung, oft durch eigenes Verschulden. Deshalb besteht auch das Ethos des Arztes mehr noch als im Kurieren in der Barmherzigkeit, die man einem notleidenden Menschen entgegenzubringen bereit ist. Im »Liber vitae meritorum« (»Der Mensch in der Verantwortung«), Hildegards zweitem Visionswerk, ist es dann auch die personifizierte Barmherzigkeit, die allein der Herzenshärte die gebührende Antwort zu geben vermag. Wie ein dichter Rauch ballte sich diese Erscheinung zusammen *und ward zu einer menschlichen Gestalt. Menschliche Glieder besaß sie jedoch nicht. Nur große schwarze Augen glotzten aus ihr heraus. Sie ging nicht vorwärts, nicht rückwärts, bewegte sich weder nach rechts noch nach links, verharrte vielmehr regungslos in der sie umgebenden Finsternis. Und sprach: »Ich habe nichts hervorgebracht und auch niemanden ins Dasein gesetzt. Warum sollte ich mich um irgend jemanden bemühen oder gar kümmern? So was werde ich schön bleiben lassen! Ich stürze mich für keinen mehr in Sorge, als auch er mir nützlich ist. Gott, der das alles geschaffen, der soll auch schön dafür geradestehen und für sein All sorgen. Würde ich auch nur einen Ton von mir geben und mich noch so winzig in die Angelegenheiten anderer einmischen, was würde das mir nützen? Ich würde ihnen weder etwas Gutes noch auch Böses damit antun. Würde ich immer nur so im Mitleiden schwimmen, daß ich rein gar nicht mehr zur Ruhe käme, was würde dann noch von mir selber übrig bleiben? Was für ein Leben müßte ich führen, wenn ich auf alle Stimmen der Freude oder der Trauer eine Antwort finden müßte! Ich weiß jedenfalls nur von meiner eigenen Existenz, möge auch jeder andere wissen, wo er selber ist!« Und wiederum hörte ich aus der Wolke eine Stimme, die dieser Gestalt folgende Antwort gab: »O du ganz und gar versteinertes Wesen, was behauptest du denn da? Die Kräuter bieten einander den Duft ihrer Blüten; ein Stein seinen Glanz auf die anderen, und jedwede Kreatur hat einen Urtrieb nach liebender Umarmung. Diese ganze Welt steht ja dem Menschen zu Diensten, und in diesem Liebesdienst legt sie ihm freudig die Güter ans Herz. Du aber bist nicht wert, auch nur die Gestalt eines Menschen zu haben. Nur ein grausamer Blick geht unbarmherzig von dir aus. Ein bitterböser Rauch bist du in der Bosheit Schwärze. Ich aber, die Barmherzigkeit (misericordia), ich bin in Luft und Tau und in aller grünender Frische ein überaus liebliches Heilkraut. Übervoll ist mein Herz, jedwedem Hilfe zu schenken. Ich war schon zugegen, als das »Es werde!« erscholl, aus dem alle Welt hervorging, die nun dem Menschen zur Verfügung steht. Dir aber ist jenes heilsame Wesen verschlossen, während ich mit liebendem Auge alle Lebensnöte berücksichtige und mich so mit allem verbunden fühle. Den Gebrechlichen helfe ich auf und führe sie zur Genesung. Eine Salbe bin ich für jeden Schmerz, und meine Rede ist recht und billig, während du ein so bitterer Rauch bleibst!«*[23]

Die Liebe ist für Hildegard das ganze heile Leben. Und Liebe ist Licht. So strahlend und funkelnd, dass es jegliches menschliche Verstehen übertrifft. Seit frühester Kindheit hat Hildegard von einem »lebendigen Licht« Führung erfahren. Als sie am 17. September 1179 im Alter von 81 Jahren friedlich stirbt, sollen sich über ihrem Kloster zwei farbige Lichtbögen gekreuzt haben. Und ein Licht »leuchtete weithin und schien die nächtliche Finsternis vom Sterbehaus zu vertreiben.«[24]

Toleranz und Vielfalt: Die Schule von Salerno

Dass Hildegard zu solch großem Einfluss kommen konnte, war mitunter auch von der Zeit begünstigt. Ihr Wirken fällt in die Blüte der großen medizinischen Lehranstalt von Salerno. Schon dort hatte man großzügig Frauen zugelassen, die sogar wissenschaftliche Tätigkeiten ausübten. Überhaupt war Salerno umweht von einer toleranten Geistesbrise. Die Entstehungslegende erzählt von einem griechischen Pilger namens Pontus, der des Nachts während eines Sturms Unterschlupf unter den Bögen des Aquädukts gesucht habe. Ein zweiter Mann, Salernus, ein Latiner, rastete an der gleichen Stelle. Salernus war verletzt und behandelte seine Wunde, wobei er von Pontus genau beobachtet wurde. In der Zwischenzeit waren zwei weitere Reisende, der Jude Helinus und der Araber Abdela, hinzugekommen, die sich ihrerseits nun auch um die Wunde kümmerten. Schließlich kamen die vier überein, eine Schule zu gründen, in der ihr heilerisches Wissen gesammelt und verbreitet werden sollte.

Tatsächlich ist die Schule von Salerno jedoch nicht gegründet worden, sondern sie entwickelte sich allmählich aus dem Hospital des anno 529 von Benedikt von Nursia errichteten Klosters Montecassino. Für die Anfänge Salernos[25] ist von Bedeutung, dass es im 6. Jahrhundert eine Zeitlang zu Byzanz, also zum Oströmischen Reich gehörte, dem einzigen Staat, in dem es während der Wirren der Völkerwanderung Schulen, Bibliotheken, ausgebildete Ärzte und medizinische Schriftsteller gab, dass ferner in ganz Unteritalien die Pflege der antiken Wissenschaften überhaupt nie ganz aufgegeben worden war. Im Kloster Montecassino war es, wie grundsätzlich in allen Klöstern der Benediktiner, Ordenspflicht, sich mit den Wissenschaften zu beschäftigen. So wurde ausdrücklich empfohlen, Hippokrates, Galen, Aurelian und andere medizinische Schrift-

Die Schule von Salerno. Miniatur aus dem »Canon«, ein Nachschlagewerk des berühmten persischen Arztes Avicenna (980 -1037). Das Bild zeigt die Legende um den normannischen Herzog Robert. Durch einen Pfeil tödlich verwundet, wurde er heldenhaft durch seine Frau gerettet, die - wie von den Ärzten verordnet - das vergiftete Blut aus der Wunde saugte.

steller zu studieren. Die Anwesenheit jüdischer Ärzte - Juden wohnten seit römischer Zeit im Lande - das günstige Klima, das Kranke und Erholungsbedürftige anzog, und einige wundertätige Reliquien trugen dazu bei, dass in Salerno die Heilkunde zum Mittelpunkt des geistigen Lebens wurde. Bemerkenswert ist die bunte Vielfalt der Ärzteschaft zu einer Zeit, wo alle Gelehrsamkeit fast ausschließlich dem Klerus unterstand. Hier praktizierten Geistliche und Laien, Einheimische und Fremde, Männer und Frauen, Verheiratete und Unverheiratete, die sich schon damals zu Berufsverbänden zusammenschlossen. Aus diesen Verbänden wurden im 11. Jahrhundert die Lehrer der Medizinschule gewählt.

Damals zur Zeit des ersten Kreuzzuges berührten unzählige Reisende Salerno, da der übliche Weg der Pilger, die ins Heilige Land zogen, durch ganz Italien bis nach dem südlichen Bari führte, wo sie sich einzuschiffen pflegten. Salernos Ruf wuchs und lockte außer Kranken auch viele Lernbegierige herbei. Eine rege literarische Tätigkeit setzte ein. Typisch sind Zusammenstellungen, sogenannte Kompilationen, von Übersetzungen aus medizinischen Werken bedeutender byzantinischer und griechischer Autoren wie Hippokrates (»Über die Luft, die Gewässer und die Orte«, »Über das Verhalten bei akuten Krankheiten«) und Teile aus der Therapeutik und der Physiologie seines nicht minder berühmten Kollegen Galenus von Pergamon (2. Jhd.), sowie Fragmente aus den Schriften der spätantiken Ärzte Caelius Aurelianus, Priscianus und Oribasius wie aus dem »Passionarius Galeni« des Klerikerarztes Gariopontus (um 1050).

Matthaeus Silvaticus, medizinischer Schriftsteller und Botaniker, unterrichtet seine Schüler im botanischen Garten von Salerno. Titelbild einer Ausgabe von 1526 des »Opus Pandectarum Medicinae« (1317), ein 650-seitiges Nachschlagewerk in lateinischer Sprache über die medikamentöse Behandlung mit Heilkräutern.

In jener bewegten Zeit wirkte die berühmte Trotula, eine jener Frauen, die in Salerno studierten und dann den ärztlichen Beruf ausübten. Im Haupttext der Salernitaner Medizin, der Schriftensammlung *De aegritudinum curatione* aus dem 12. Jahrhundert, sind Texte der sieben Großmeister der Schule enthalten, darunter auch Trotulas Lehren. Ihr Ruf reichte so weit, dass noch im 15. Jahrhundert der Leibarzt des Herzogs Sigismund von Bayern, Johannes Hartlieb, die Schriften der Trotula für die Herzogin bearbeitete und herausgab. Bemerkenswert ist vor allem ihr Werk *Passionibus mulierum curandorum,* ein Zeugnis außerordentlicher gynäkologischer Kenntnisse. So wusste sie beispielsweise vom Zusammenhang von Amenorrhö und weiblicher Unfruchtbarkeit. Unregelmäßige Menstruation führte sie auf Mangelernährung, Krankheit oder psychischen Stress zurück. Sie schrieb zu Geburtenkontrolle und sah die Unfruchtbarkeit nicht, wie es damals üblich war, als rein weibliches Problem. Im Kapitel über die Entbindung erinnert sie an den Dammschutz, den schon der griechische Arzt Soranos tausend Jahre früher kannte, der aber wohl in Vergessenheit geraten war, und bei vollkommenem Dammriss empfahl sie diesen mit einem Seidenfaden zusammenzunähen. Zudem gab sie Hebammen detaillierte Hinweise zur Prävention schwieriger Geburten. Wie Hildegard von Bingen arbeitete sie mit einfachen, auch für Mitglieder der niederen Stände erschwinglichen Mitteln.

Damit sich Lebens- und Gesundheitsregeln dem Gedächtnis besser einprägten, behalf man sich im Mittelalter oftmals der Versform. Wenige Bücher außer den religiösen dürften die Lebensart der europäischen Völker jahrhundertelang so stark beeinflusst haben wie das »Regimen sanitatis Salernitanum«[26], die Salernitanische Anweisung zu Gesundheit und zu langem Leben. Dieses Werk soll von der gesamten Schule für den normannischen Prinzen Robert, den Sohn Wilhelms des Eroberers, verfasst worden sein, der im Jahre 1101 nach Salerno kam, um dort seine Armwunde heilen zu lassen. Die vollständige Ausgabe enthält zehn Teile, von denen jeder ein anderes Gebiet der Heilkunde behandelt. Wer, so heißt es, lange leben will, muss vor der Zeit »wie ein Greis leben«. Für jede Jahreszeit und für jeden Monat wird die Lebensführung angegeben. Die Art und die Menge der Kost, das Ausmaß der Bewegung, das Reinigen und der Aderlassen, der Grad der Enthaltsamkeit, die Dauer des Schlafes, alles wird erläutert. Besonders wichtig ist die Regelung der Verdauung. Und bei der Darmentleerung dürfe man nicht innehalten, selbst wenn ein großer König mit seinem ganzen Hofstaat vorbeigehen sollte! In mehr als 800 Versen werden die Heilmittel besprochen, alles Mittel pflanzlicher Herkunft, bei denen meistens die reinigende und ausschwemmende Wirkung in den Vordergrund gestellt wird. Die Heilwirkung jeder Pflanze wird beschrieben. Allgemein wird vermutet, dass die ursprüngliche Version des »Regimen» nur bis zum Ende des Heilmittelkapitels reichte. Teile über die Anatomie, Physiologie Pathologie und Therapie wie über die ärztliche Kunst sind später hinzugekommen. In letzterem wird der Leser in aller Eindringlichkeit vor den Scharlatanen gewarnt: *»Sensus et ars medici curant, non verbae sophistae - Hic aegrum relevat curis, verbis necat iste.«*[27] (Nicht die Worte des Sophisten heilen, sondern die Vernunft und die Kunst des Arztes. Dieser hilft dem Kranken durch seine Kuren, jener tötet ihn durch das Gerede.) Noch um 1850 wurde das »Regimen» neu aufgelegt, zu einer Zeit, da die Schule von Salerno nur noch Fachgelehrten bekannt war. Es erreichte mehr als 140 Ausgaben und obwohl anfangs für Ärzte bestimmt, entwickelte es sich später immer mehr zum Volksbuch. In seiner einfachen, lebensnahen Volkstümlichkeit ging es in fast alle europäischen, ja sogar in einige asiatische Sprachen ein, selbst in Dialekte wurde es übertragen.

III

Renaissance

Vor allem muss man zu den Quellen eilen

. . . zu den Griechen
und den Alten überhaupt.

Erasmus von Rotterdam, 1511[28]

Die Straße war seine Lehrmeisterin
Paracelsus

Theophrastus Bombastus Philippus Aureolus von Hohenheim, genannt Paracelsus wurde zwischen Ende 1493 und Anfang 1494 in der Nähe von Einsiedeln im Herzen der Schweiz geboren, in einem Haus, das damals an der alten Pilgerstraße stand, dort wo die Teufelsbrücke über die Sihl führt. Hier hatte sich der schwäbische Wanderarzt Wilhelm von Hohenheim sesshaft gemacht, nachdem er die Tochter des Hausbesitzers geheiratet hatte. »In den Tannenzapfen aufgewachsen« sei er, sollte Paracelsus später seine bäurisch raue, fast grobe Art verteidigen, die ihn im Leben so oft anecken ließ. Gerade Wege waren nichts für ihn. »Sein Eigener« wollte er sein. Ureigene Erfahrung, er nannte es Erfahrenheit, war für ihn die Voraussetzung, ein guter Heiler zu sein.

Vermutlich hat er schon früh den Vater zu Krankenbesuchen in die abgelegenen Gegenden der Voralpen begleitet, und dabei mit Herz und Sinnen die Liebe zur Natur entwickelt. Immer schwingt etwas von den wilden, stillen Wiesen der Schweizer Berge mit, wenn Paracelsus von »Kraft, Würkung und Tugend« der Pflanzen spricht. Seiner Heimat blieb Paracelsus sein Leben lang tief verbunden. Hier wuchs er nicht nur die neun Jahre bis zum Tod der Mutter auf, bevor er mit dem Vater nach Villach in Kärnten zog, sondern sein Schicksal hat ihn immer wieder in die Schweiz zurückgeführt: Basel, St. Gallen, das Appenzellerland und Bad Pfäfers. Ansonsten war er ein Weltenwanderer, der sich für Menschen und Landschaften möglichst unterschiedlichster Art interessierte.

Wie das Wesen und die Lehre des Paracelsus, so entzieht sich auch sein Lebensweg bis auf wenige Ausnahmen einer be-

Paracelsus im Alter von 45 Jahren. Über dem Porträt sein Leitspruch »Alterius non sit, qui suus esse potest« - »Eines anderen sei nicht, wer sein Eigener zu sein vermag.« Augustin Hirschvogel, 1540.

stimmten Festlegung. Sicher ist nur, dass er sein medizinisches Studium zweiundzwanzigjährig um die Wende 1515/1516 in Ferrara abgeschlossen hat. Alles was vorher war, ist ungewiss. Doch gibt es von ihm selbst gewisse Anhaltspunkte: »Habe also die Hohen Schulen erfahren lange Jahr, bei den Teutschen, bei den Italischen, bei den Frankreichischen, und den Grund der Arznei gesucht. Mich nit allein derselbigen in Lehren und Schriften, Büchern ergeben, sondern weitergewandert«[29], so

schreibt er später in der Vorrede zur *Wundarznei.*
Nach bestandenem Doktorexamen ging Paracelsus abermals 8
Jahre auf die Wanderschaft. »...bin weiter gewandert gen Grana-
da, gen Lissabon, durch Spanien, durch England, durch die
Mark, durch Preußen, durch Litauen, durch Poland, Ungarn,
Walachei, Siebenbürgen, Karpaten, Windischmar*, auch sonst
andere Länder nit noch zu erzählen.«[30] Stets war er bestrebt zu
lernen. »Nicht allein bei den Doktoren, sondern auch bei den
Scherern, Badern, gelehrten Ärzten, Weibern, Schwarzkünst-
lern, so sich des pflegen, bei den Alchimisten, bei den Klöstern,
bei den Edlen und Unedlen, bei den Gescheiten und Einfälti-
gen.«[31]
Dieser Art von Lernen ist Paracelsus zeitlebens treu geblieben.
Für das bürgerliche Leben war er nicht geschaffen. Vier Versuche, sesshaft zu werden, scheiterten. So war er immer wieder
auf die Landstraße verwiesen mit all ihren Widrigkeiten. Wer
wie Paracelsus zu Anfang des sechzehnten Jahrhunderts ganz
Europa zu Fuß oder mit Pferd und Wagen durchquerte und als
Chirurg und Wundarzt »vil krieg durchlief« durfte nicht zart
besaitet sein. Er selbst empfand sein Los als heimatloser Wan-
derer als prädestiniert und hat es willig angenommen, weil es
ihm vielseitige Erfahrungen erschloss. Diese Erfahrung galt
gleichermaßen der sichtbaren wie der unsichtbaren Natur. Als
erkennender Mensch war es ihm wichtig, die Materie immer im
Zusammenhang zur geistigen Sphäre zu sehen. Er war überzeugt davon, dass dann nicht nur subjektive Erlebnisse, sondern
objektive Erkenntnis zustande kommt. Krankheiten sind ihrem
Wesen nach unsichtbar, so wie die Seele des Menschen unsichtbar ist, aber sie greifen über die Seele in den Leib hinein
und werden dort sichtbar wirksam. Dafür muss der Arzt seinen
Blick schulen. Denn echte Heilfähigkeit lässt sich weder von
einem Lehrer übernehmen noch aus Büchern erlernen, sondern

42

* Windischmar = Krain

dazu bedarf eines aktiv-wachen Innenlebens wie der Pflege aller dem Menschen erreichbaren Wahrnehmungsorgane. Unaufhörlich schulte er seine Beobachtungsgabe. Sah er, dass in einer bestimmten Gegend verhältnismäßig viele Bewohner an einem Kropf litten, dann konnte dies nicht zufällig sein. Er suchte den besonderen Salzgehalt des Wassers zu erkennen und vermutete in ihm die Ursache. Mit ähnlichem Interesse verfolgte er den Wanderzug von Epidemien und bemühte sich um die Beantwortung der Frage, ob die Ausbreitung von Krankheiten landschaftsbedingt sei. »Denn Ursach, die Krankheiten wandern hin und her so weit die Welt ist und bleiben nicht an einem Ort. Will einer viel Krankheiten erkennen, so wandere er auch. Wandert er weit, so erfährt er viel und lernet viel erkennen.«[32]

Die Gegend, wo Paracelsus aufwuchs. Die Teufelsbrücke über die Sihl am Schweizer Etzelpass. Historischer Holzschnitt.

Paracelsus lebte rund zwei Jahrtausende später als Hippokrates, dennoch stand er diesem im Denken sehr nahe. Heilkunst ist für ihn nichts anderes als verpflichtender Gottesdienst. Immer hat der Arzt auf Seiten des Lebens zu stehen und dem Tode bis zum letzten Augenblick zu trotzen. Heilen um des Verdienstes willen ist ihm ebenso verhasst wie der Missbrauch eines Priesteramtes. Hippokratisch war auch die Methode, der sich Paracelsus verschrieben hatte. Gründliche Diagnose und Prognose durch Beobachtung aller Symptome und genaues Verfolgen des Auftretens und Verlaufs jeder Krankheit. Wie Hippokrates kannte er die Gefahr der Verallgemeinerung und wusste, dass jede Krankheit ihre Besonderheit hat, je nach dem spezifischen Zustand des Patienten.

Die vier Säulen der paracelsischen Medizin

Paracelsus verfasste mehr als 500 Schriften medizinischen, astrologischen, philosophischen und theologischen Inhalts. Neben den beiden Bänden *Paramirum* enthält das *Paragranum*, alle zwischen 1528 und 1530 entstanden, am substantiellsten die medizinischen Grundideen des Paracelsus. Demnach ist nur derjenige ein Arzt, der gleichermaßen *»ein philosophus, ein astronomus, ein alchemist«*[33] ist. Die »drei Gründe« nennt er die drei Säulen seiner Medizin. Der vierte Grund aber, der den anderen dreien erst Substanz und Kraft verleiht, ist die Tugend des Arztes.
Ein Philosoph ist der Arzt, der die Erde mit ihren Naturreichen denkend zu ergründen versucht. Der Weg ist der von außen nach innen. Nichts sei innen im Leib, das nicht auch äußerlich genügend angezeigt werde. Wie von selbst wird der Arzt dann nach innen geführt. Wer umgekehrt vorgehe, gerate ins Speku-

lieren. Darum hielt Paracelsus die meisten Ärzte seiner Zeit für Phantasten, weil sie nicht von der denkenden Sinneswelt ausgingen, sondern von überlieferten Meinungen und von Bücherwissen.

Maßgeblich für den Arzt ist, dass er die drei alchemistischen Prozesse kennt: Sulphur (auflösend, verbrennend), Mercur (verflüssigend, bewegend), und Sal (festigend, formbildend) sowie die vier Grundelemente Erde, Feuer, Wasser, Luft in all ihren Wirkungssphären durchschaut. Die spezifischen »Kräfte und Tugenden« der Metalle und Kräuter müssen vor seinem Bewusstsein offenliegen und er muss ihren Zusammenhang mit den gesunden und kranken Leibesgliedern des Menschen beherrschen. Hier aber wird der Philosoph bereits zum Astronomen, denn er weiß, dass jedes Organ seine Entsprechung in einem Planeten hat. Und dieser wiederum seine Entsprechung in einem Metall und einer Pflanze. Stufe um Stufe soll er tiefer mit seiner Erkenntnis eindringen, den äußeren Menschen in den inneren wenden und den inneren im äußeren erkennen.

Nach Paracelsus gibt es nichts Irdisches, das nicht seinem Wesen nach Himmlisches spiegelt. Wie oben so unten. Die Lehre vom Makro- und Mikrokosmos ist wie alles alchemistische Wissen uralt. In der *Tabula Smaragdina*, einer der berühmtesten Texte alchemistischer Literatur, wird der Ursprung der Lehre von der großen und der kleinen Welt auf den rätselhaften Weisen Hermes Trismegistos zurückgeführt, symbolischer Bewahrer überzeitlicher Gesetze, die auch Paracelsus noch unmittelbar in der Natur lesen konnte: *»Denn wie die Namen der Sterne sind, so sind die Namen der Krankheiten. Die ist des Mars, die der Luna, die des Schützen, die des Löwen, die des Pols, die des Bären [...] Und so wie die Gesundheit geht, die ist des Saturns, die des Jupiter, die der Venus, - damit ist ein Grund ihrer beider Wachsen, Ursprung*

*Lateinische Fassung der »hermetisch« verschlüsselten **Tabula Smaragdina**, die als Grundlagentext der Alchemie gilt. Rund zwölf allegorische Sätze spiegeln die Vorstellung von Mikro- und Makrokosmos. Der Legende nach soll der Text aufgeschrieben auf zwei Smaragdtafeln unter dem Grab des Hermes, das sich in der Cheopspyramide befunden haben soll, aufgefunden worden sein. Stich von 1610.*

und Herkommen gefunden. Denn das Kind wird sich vom Vater nicht entäußern oder absetzen. Darum, der da des Regens Ursprung, Herkommen, Wesen und Art weiß, der weiß auch das Herkommen der Bauchflüsse, der Ruhr, dysenteriae, diarrhoeae,weiß auch der Dinge alle Notdurft und Eigenschaft. Der da den Ursprung, des Donners, der Winde, der Wetter weiß, der weiß, von wannen die colia und die torsienes kommen. Der da weiß, wie der Strahl, der Hagel, der Blitz entsteht und wächst, und was in ihm ist und was er ist, der weiß den Harn, den Stein, den Gries und alles, was tari arum berührt oder betrifft; der da weiß die coniunctiones miteinander und die Finsternis, der weiß den mortem improvisam, den jähen Tod, den Schlag und alles, was ihm anhängt. Der da die neuen Läufe der Zeit und die Brechung derselben von Tag zu Tag, von Stund zu Stund weiß, der weiß, was Fieber sind und wieviele und was sie sind. Der da weiß, was der Planeten Rost ist und was ihr Feuer ist und was ihr Salz ist, und was ihr mercurius ist, der weiß, wie die ulcera, die Geschwüre wachsen und von wannen sie kommen, und die scabies, das ist die Krätze, und die leprae, der Aussatz, und die sirei. Der da weiß, was venus führt oder bestimmt, und was in ihr ist, der weiß der Frauen Anliegen und weiß ihre Krankheiten und Gesundheit, und so mit allen.«[34]

Erst jetzt, nachdem sich das Wesenhafte, das der äußeren Beschaffenheit des Menschen Zugrundeliegende, dem Arzt tief eingeprägt hat, soll er sich »in die Fakultät der Arznei« geben. *Denn der Back, indem er Brot macht, der Rebmann, indem er den Wein macht, der Weber, indem er Tuch macht, ist ein Alchemist. Der selbe, der, was aus der Natur dem Menschen zu nutz wächst, es dahin bringt, dahin er von der Natur geordnet wird, der ist ein Alchemist.*[35] Mittelpunkt der Schöpfung ist hier der Mensch. Alle Natur ist nicht nur mit ihm verwandt, sondern auch auf ihn zugeordnet. Ohne den Menschen ist die Natur nicht vollendet. Diese vorbestimmte Vollendung erreicht die Natur, wenn der Mensch sie in die Hand nimmt und sie in höherem Sinne weiterführt. Dieses Zur-Vollendung-Führen ist die große Kunst des Alchemisten. Die Natur schenkt uns die Materie in Form von Mineralien und Pflanzen. Nun ist es am Menschen, diese zu läutern, das heißt, das Heilmittel aus der groben Stofflichkeit herauslösen. Dieses Vermögen, das Edle vom Unedlen zu befreien, setzt voraus, dass der Heilkundige selbst durch innere Läuterung gegangen ist. Darum der vierte Grund, aus dem im *Paragranum* die Arznei erwächst: die

47

Tugend des Arztes. *»Die Wahrheit ist seine Redlichkeit [...] Nit weniger soll der Arzt eines guten Glaubens sein. Denn der, der eines guten Glaubens ist, der lügt nicht und ist ein Vollbringer der Werke Gottes. Denn so wie er ist, so ist er sein selbst ein Zeugnis; das ist: du mußt in Gott eines ehrlichen, redlichen, starken, wahrhaftigen Glaubens mit allem deinem Gemüt, Herzen, Sinn und Gedanken, in aller Liebe und Vertrauen, sein, – alsdann, auf solchen Glauben und Liebe wird Gott seine Wahrheit nit von dir ziehen und wird dir seine Werke glaublich, sichtlich, tröstlich offenbar machen.«*[36]

Im *Paramirum* geht Paracelsus in aller Ausführlichkeit auf die Ursachen von Krankheiten ein. Dabei unterscheidet er die *materialischen*, die materieller Natur sind (Umwelteinflüsse oder durch Speisen aufgenommene Gifte) von den *spiritualischen*, die einen geistigen Ursprung haben. Paracelsus war sich der Macht der Gedanken überaus bewusst, im Positiven wie im Negativen. Er glaubte an die Kraft des Segnens und an die Kraft des Verfluchens und warnte vor der Unterschätzung von vorsätzlich gemachter Krankheit durch Manipulation, sprich schwarzer Magie. *»Aber ihr sollt wissen in Euch, daß die Wirkung des Willens ein großer Punkt ist zu der Arzney.«*[37]
Wichtig ist es neben aller Therapie - für den Arzt ebenso wie für den Patienten - den göttlichen Willen als die dem Menschen gestellte Aufgabe in der Krankheit zu erkennen. Jede Krankheit ist für den Betroffenen eine Läuterung, welche die göttliche Lenkung im Sinne des Schicksalsausgleichs über den Kranken verhängt. Dem von Gott vorbestimmten Ablauf dieses Krankheitsfegefeuers hat der Arzt zu dienen und das rechte Zeitgefühl für Heilungsprozesse in ihrer ganzen Komplexität zu entwickeln. Denn für Paracelsus ist Gott der erste und höchste Arzt und Herr der Natur. In diesem ureigentlichen Sinne hermetischer wie urchristlicher Heilkunst ist der Arzt nur die helfende

Titelbild einer astronomischen Schrift des Paracelsus, 1536.

Hand Gottes.

Bis zum Ende seines Lebens ist Paracelsus »sein Eigener« geblieben. Zuletzt führte ihn sein Weg nach Salzburg. Wann genau bleibt offen. Fest steht, dass er am 21. September im Wirtshaus »Zum weißen Roß« in der Kaigasse 8, »schwachen Leibes auf dem Reisebett sitzend, aber der Vernunft, Sinnen und Gemüts ganz aufrichtig«[38], dem Notar Hans Kalbsohr sein Testament bekundet hat. Drei Tage später, am 24. September 1541 starb Paracelsus, kaum 48 Jahre alt. Auf seinem Grabmedaillon steht heute in lateinischer Schrift zu lesen:

Hier ruht begraben
Philippus Theophrastus

der ausgezeichnete Doktor der Medizin, der jene argen Wunden, Aussatz, Podagra, Wassersucht und andere unheilbare Krankheiten des Leibes mit wunderbarer Kunst heilte und all sein Gut unter die Armen verteilte.[39]

49

Kräuterbücher zum Selbstkurieren

Kräuterbücher[40] waren in der Renaissance wohl die meistge-
kauften Bücher neben der Bibel. Textlich und bildlich oft von
einmaliger Schönheit waren sie Arztersatz und boten Hilfe für
alle kleinen und großen Leiden. Über 100 Autoren schufen sie,
nachdem der Mainzer Gutenberg-Nachfolger Peter Schöffer im
Jahre 1484 seinen lateinischen *Herbarius* und ein Jahr darauf
den deutschen *Gart der Gesundheit* veröffentlicht und damit
den Anstoß zu einer Kette ähnlicher Werke gegeben hatte.
Anfänglich handelte es sich um Sammlungen früher ärztlicher
Handschriften aus Griechenland und Rom, Kompilationen alten
klassischen Wissens. Bei jedem Arzneimittel und jedem Ratschlag wurden ehrfurchtsvoll die Namen der klassischen Ärzte-
Philosophen, insbesondere Hippokrates, Galenos, Plinius und
Dioscurides genannt. Häufig aber auch die Namen arabischer

Ärzte wie Mesue und Avicenna. Als das römische Reich von den nordischen Völkern überrannt worden war, hatte man Tausende der römisch-griechischen Schriften nach Arabien und Syrien gerettet. Dort waren sie übersetzt worden und blieben so vielfach erhalten.

Berühmt durch ihre Kräuterbücher wurden gegen Mitte des 16. Jahrhunderts vor allem drei Zeitgenossen des Paracelsus, die deutschen Botaniker: Otto Brunfels, Hieronymus Bock und Leonhart Fuchs. Alle drei waren praktizierende Ärzte und verfolgten das Ziel einer humanistischen Pflanzenkunde in künstlerisch vollendeter Form. Brunfels´1530 in Latein und Deutsch erschienenes Werk trug selbstredend den langen Titel *»Der Natur nachgeahmte Bilder lebendiger Pflanzen. Mit größter Gewissenhaftigkeit und Kunstfertigkeit ausgeführt. Dazu deren Wirkung nach der alten und nach der jetzt wieder entstehenden Kräuter-Medizin«.* Sein Text war geschickt und entsprach der guten Ausbildung eines Humanisten. Was aber das Buch so wertvoll machte, waren die Abbildungen seines Zeichners Hans Weiditz. Als Schüler Dürers hatte er von seinem Lehrer nicht nur die Liebe zur Natur, sondern auch die Liebe zum Detail gelernt. Er idealisierte und symbolisierte nicht, sondern zeichnete, was damals neu war, naturgetreu auch welke Blätter und Raupenfraß mit, und schuf somit die Vorlage für einen verblüffend naturalistischen Holzschnitt, der in vorfotografischen Zeiten große Anerkennung fand.

1539 schuf Hieronymus Bock aus Zweibrücken mit seinem *Kreütter Buch* ein wahres Volksbuch. Zunächst versuchte er es mit einem einfachen unillustrierten Buch, das dem Publikum jedoch nicht sonderlich zusagte. Sieben Jahre später brachte er eine Neuauflage mit populären Abbildungen des jungen Zeichners David Kandel heraus. Der enorme Erfolg beruhte auf Bocks umfassenden Beschreibungen von etwa 700 Pflanzen

Oben: Alraune (Mandragora). Unten links: Beifuß. Beide Illustrationen stammen aus dem »Wiener Dioscurides«, einer spätantiken Sammelhandschrift, die vor allem Texte aus der berühmten »Materia medica« des Dioscurides enthält, einem der Pioniere der Pharmakologie. Einige Zeichnungen des »Dioscurides« gehen wohl auf den griechischen Arzt Krateuas, den »Wurzelschneider« (1. Jh.) zurück, der als Vater der Pflanzenillustration gilt. Rechts: Langer indianischer Pfeffer, gezeichnet von Albert Meyer für das »New Kreüterbuch« von Leonhart Fuchs, 1543.

sowie seiner langjährigen Berufserfahrung als Arzt. Der Stil war volksnah, oft humoristisch, zuweilen mit derben Milieuschilderungen, - das, was den Leuten gefiel.

Den größten Ruhm unter den drei »Vätern der Botanik« aber erntete Leonhart Fuchs[41], der am 17. Januar 1501 in Wemding in Schwaben geboren wurde. Sein Vater, Bürgermeister dieses Ortes, ließ ihn in der berühmten Marienschule zu Erfurt studieren. Als Zwölfjährigen sah man ihn bereits an der Universität Erfurt, und bereits mit 17 Jahren eröffnete er in seiner Vaterstadt eine Privatschule für klassische Sprachen und medizinische und botanische Studien. Am 23. Mai 1526 wurde er Professor an der Universität Ingolstadt, anschließend Leibarzt des Markgrafen Georg von Brandenburg in Ansbach. Fuchs setzte sich mit allen Kräften für die Schriften des Hippokrates, Dioscurides und Galenos ein. Als ein gründlicher Kenner der griechischen Sprache fiel es ihm leicht, die antike Medizin seiner Arbeit einzuverleiben, da gerade die großen arabischen Ärzte ihre jahrhundertealten Erkenntnisse in griechischer Sprache abgefasst hatten.

Im Jahre 1542 erschien in Basel in der angesehen Druckerei Isingrin die lateinische Version des »New Kreüterbuch« von Fuchs (*De historia stirpium commentarii* = Kommentare zur Geschichte der Pflanzen). Die deutsche Übersetzung folgte 1543. Dieses klassische Werk der botanischen Literatur enthielt eine systematische Darstellung von rund 400 Wildgewächsen und über 100 Nutz- und Zierpflanzen, zum ersten Mal methodisch beschrieben unter Berücksichtigung des Standortes, der botanischen Charakteristik, Blütezeiten und medizinischen Verwendungsmöglichkeiten. Nachgewiesen ist heute, dass Carl von Linné, Schöpfer der botanischen Systematik, in vielen Fällen die von Fuchs gewählten Namen in seinem Pflanzenverzeichnis übernommen hat.

Das *New Kreüterbuch* war eine Prachtausgabe in Großfolio, wertvoll besonders durch die einmalig schönen Abbildungen. Heute noch benutzt man in wissenschaftlichen Werken seine Illustrationen, da es künstlerisch bisher nichts Wertvolleres gibt. Im Gegensatz zu Brunfels schuf Fuchs nach dem altbeliebten Gesetz des goldenen Schnitts Idealbilder der Pflanzen. Man nimmt an, dass Holbein bei den Entwürfen Pate gestanden hat. Der Zeichner Albert Meyer, der Kopist Heinrich Füllmaurer und der Holzschneider Veit Rudolph Speckle wurden - für die damalige Zeit eine seltene Auszeichnung - im Buch in Foliogröße zu dritt mit Bild und Namen angeführt*. Fuchs ließ die Abbildungen der Pflanzen in klaren, einfachen Linien schneiden, jede Schraffierung wurde vermieden. Auch der Text - die Ansichten eines hochgebildeten Humanisten - beweist, dass er sich von den arabischen Einflüssen, von Symbolik und Aberglauben freihielt und sich mehr auf die griechische Antike stützte. So findet man die gefürchtete Alraune, um deren menschenähnliche Gestalt sich so viele Schreckensgeschichten woben, von Fuchs wie folgt entmystifiziert:

Alraun ist bey den Griechen Mandragoras / oder Circaea / unnd Anthropomorphos / zu Latein Mandragora / Canina oder terrestris malus genent. Ursachen sölcher namen aller haben wir nach der leng im Lateinischen kreüterbuch anzeygt. Eine muß ich aber hie auch melden / nemlich das sie Anthropomorphos ist von dem Pythagora geheyssen worden / das ist darumb geschehen / das jr wurtzel ettlicher massen einem menschen gleich ist / wie dann das gemäl klärlich anzeyget / und sölche wurtzel wechßt von sich selbs. Die Landstreicher / oder das ich sie recht nenne / die Landbescheisser / tragen wurtzel hin unnd wider feyl / die seind nit also von sich selbs gewachsen / sonder auß den rhorwurtzeln vorhin also geschnitten das sie ein menschliche gestalt überkommen / dieselbigen setzens darnach

*Abb. S.50 Der Kopist Füllmaurer links und der Zeichner Meyer rechts.

Im ersten Jh. v. Chr. schrieb der römisch-jüdische Gelehrte Flavius Josephus seine Geschichte des jüdischen Volkes. Dabei erwähnte er auch eine geheimnisvolle Wurzel Baaras, die zur Heilung von Besessenen dienen könne. Sie sei aber so gefährlich, dass derjenige, der sie leichtfertig ausgrabe, sterben müsse. Die einzige Möglichkeit sie zu gewinnen, sei einen Hund an sie zu binden, der sie herausziehe und dabei tot umfalle. Danach könne man die Wurzel gefahrlos anfassen. Diese phantastische Erzählung wurde in fast allen Kräuterbüchern und Codices bis zur Renaissance auf die Alraune übertragen, die als Männlein oder Weiblein in Erscheinung treten kann. Links: Alraune nach Fuchs, der noch über 50 Bücher und Schriften verfasste. Rechts: Mythische Ernte einer Alraunwurzel, um 1250.

widerumb jn / so werden sölche wurtzeln darauß / mit har / bart unn andern dingen einem menschen änlich. Darzu liegen sie noch vil mehr / das man sölche wurtzel muß under dem galgen graben / mit ettlichen Ceremonien und Teufels gespensten / hie on not zu erzelen / welches lauter lug und betrug ist. Das hab ich hie wöllen anzeygen / darmit sich ein yeglicher vor sölchen buben wisse zehüten.[42]

55

Urinuntersuchungen finden sich als Anhang in zahlreichen Kräuterbüchern der Renaissance. »Chemische Analyse« bedeutete damals hauptsächlich die äußere Betrachtung des Urins. Das Wölkchen (nubecula), das sich beim Absetzen bildete, die Farbe und der Geruch spielten eine große Rolle. Es existieren viele Bilder von Ärzten, die an einem Krankenbett stets die obligate Urinflasche in der Hand tragen. Titelblatt zum Abschnitt **»Uroskopie«** des lateinischen »Hortus sanitatis« aus der Gruppe der Mainzer Kräuterbücher, 1491.

IV

Barock, Aufklärung und Romantik

Wage es, weise zu sein

Großen Dank verdient die Natur, daß sie in die Existenz eines jeden lebendigen Wesens auch so viel Heilungskraft gelegt hat, daß es sich, wenn es an dem einen oder andern Ende zerrissen wird, selbst wieder zusammenflicken kann.

Goethe
Brief an Lavater, 1782[43]

Gesundheit für alle: Nicholas Culpeper

Die Renaissance wurde abgelöst durch den prunkfreudigen Barock. Während Pflanzenbücher zuvor der Wissenschaft dienen sollten, versteht sich der »Hortus Eystettensis«, eines der größten und teuersten Buchprojekte jener Epoche, der 1613 auf Initiative des Nürnberger Apothekers Basilius Besler für Fürstbischof Johann Conrad von Gemmingen gedruckte wurde, vor allem als ästhetisches Prachtwerk, das auf den Text auch verzichten kann.[44] Im 30-jährigen Krieg 1618-1648 wurde der herrliche Garten, aus dem die vielen Pflanzen in Beslers Werk stammten, fast ganz zerstört, bei Kriegsende blieb nur ein verwilderter Gemüsegarten übrig. Das Interesse an Kräuterbüchern war geschwunden. Es waren ja über hundert verschiedene Werke auf dem Markt, davon selten etwas Neues. Zudem wurde die Chemie zunehmend zur Konkurrentin der Naturheilkunde. Daneben übte das Geheimnisvolle, die Alchemie, Astronomie und Astrologie eine große Anziehung auf die Menschen aus. Der englische Naturheilkundler Nicholas Culpeper war Apotheker und Astrologe. Er hielt es für ausgeschlossen, ohne Beachtung der Planeteneinflüsse einen Patienten zu heilen.

Das Leben Culpepers[45] ist sowohl durch die Kürze als auch durch die persönliche Tragödie gekennzeichnet, die schon 13 Tage vor seiner Geburt im Oktober 1616 damit begann, dass sein Vater starb. Nur wenige Monate zuvor war sein Vater zum Lord von Ockley Manor in Surrey ernannt worden. Mit dessen Tod ging das Gut in fremde Hände über. Seine Kindheit verbrachte Nicholas in Isfield, Sussex, wo er von seiner Mutter und deren Familie aufgezogen wurde. Insbesondere sein Großvater William Attersole, Pfarrer an der örtlichen Kirche und Autor vieler theologischer Abhandlungen, hatte großen Einfluss auf seine frühe Entwicklung. Er brachte ihm Griechisch und Latein

bei und erzog ihn zu Sittenstenge, aber auch zu einer gesunden Respektlosigkeit gegenüber der Krone. Attersole, mit der Sterndeutung des Ptolemäus bestens vertraut, dürfte auch sein Interesse für die Astrologie geweckt haben. Die Großmutter hingegen war es, die Nicholas den Gebrauch der Heilkräuter lehrte. Schon als Kind kannte er alle Kräuter in der näheren Umgebung. Bereits im Alter von zehn Jahren begann Culpeper astrologische und medizinische Bücher aus der Bibliothek des Großvaters zu lesen, was diesem deutlich missfiel. So wundert es kaum, dass Nicholas Vicarys »Anatomy of Man's Body«, mit ausführlichen Beschreibungen der Sexualorgane, heimlich auf dem nachbarlichen Heuboden lesen musste. Ausgerechnet diese Lektüre war es, die ihn zutiefst inspirierte, Mediziner zu werden und auch später sein Handbuch für Hebammen anregte.

Im Alter von 16 Jahren wurde Culpeper an die Cambridge

University geschickt, verbunden mit dem Wunsch der Groß-eltern, Theologie zu studieren. Wenig begeistert über das Fach setzte er seine anatomischen Studien fort und las lieber Hippo-krates und Galen. Sein Studium wurde abrupt durch einen schweren Schicksalsschlag beendet. Er war in Judith Rivers verliebt, die er seit seiner Kindheit kannte, doch war bekannt, dass ihre Familie einer Ehe niemals zustimmen würde. So planten die beiden die Flucht in die Niederlanden, um dort zu heiraten. Tragischerweise wurde Judith, in der Kutsche auf dem Weg zum Treffpunkt, tödlich vom Blitz getroffen. Culpeper verfiel in eine tiefe Depression, und auch seine Mutter wurde durch die Katastrophe so sehr erschüttert, dass sie wenig später starb. In der Folge wurde Nicholas von Attersole enterbt. Es war aber auch der Großvater, der als erster vorschlug, dass sein Enkel Apotheker werden sollte.

Da Culpeper der Zugang zum Medizinstudium verwehrt war, wurde er Lehrling beim Londoner Apotheker Francis Drake, den er als Gegenleistung in Latein unterrichtete. Thomas John-son, exzellenter Pflanzenkenner und Herausgeber des bekann-ten Kräuterbuchs »*Herball*« nahm ihn, als Teil der Ausbildung, auf botanische Exkursionen mit. Um seinen Schmerz über den Verlust von Judith zu überwinden, beschloss Culpeper, zumin-dest anderen Menschen in ihrem Leid zu helfen. Als sein Lehr-herr verstarb, war er in der Heilmittelkunde bereits so erfahren, dass er dessen Geschäft weiterführen konnte.

Das Leben in London kam auch seinen astrologischen Inter-essen äußerst entgegen. Ab November 1635 entwickelte sich ein fruchtbarer Kontakt zu dem berühmten Astrologen William Lilly. Nachdem Culpeper all seinen Mut zusammengenommen und sein bewundertes Vorbild Lilly persönlich aufgesucht hatte, gab dieser ihm den Rat, bei der Untersuchung seiner Patienten unbedingt auch deren Geburtshoroskop mit einzubeziehen, weil es nicht nur Hinweise für die Heilung geben könne, sondern auch verdeckte Krankheiten offenbare. Lillys Angebot, ihn in Astrologie zu unterrichten, nahm Culpeper mit Freuden an; auch späterhin hielt er Lilly in hohen Ehren.

1640 heiratete Culpeper die erst 15-jährige Alice Field, Tochter eines seiner Patienten. Ihre finanziellen Mittel ermöglichten ihm die Einrichtung einer astrologischen und pflanzenheil-kundlichen Praxis in London. Er gewann bald großes Ansehen, vor allem auch bei den Armen, da er für seine Arbeit sehr wenig, oft auch gar nichts verlangte. Nie lehnte er eine Behandlung ab, daher hatte er täglich oftmals bis zu vierzig Patienten. Auch seine Sensibilität muss zu seinem Erfolg beigetragen haben. Das beste Heilmittel sah er in der Suggestivkraft des Arztes: *»Eigentlich liegen unsere größten Fähigkeiten darin Hoffnung zu wecken, Vertrauen und geistigen Frieden wiederherzu-stellen.«*[46]

Sein Wissen um die Heilkraft der Kräuter ließ Culpeper zu-nehmend kritisch gegenüber der höfischen Medizin werden, vor allem gegen den üblichen Aderlass, was ihn die gelehrten Ärzte als »Vampire« bezeichnen ließ. Schon allein deshalb sympathi-sierte er während des Bürgerkriegs mit den »Roundheads«, den Parlamentariern, die Gegner der Royalisten waren. Für sie zog er auch in den Krieg und wurde bald zur Versorgung Verwunde-ter eingesetzt, bis er 1643 eine Schusswunde am Arm erlitt. Ein großer Gewinn des Bürgerkriegs war die Abschaffung der königlichen Zensur, die alle gegen die Autorität der Kirche verstoßenden Drucksachen verboten hatte, dazu gehörte auch die Astrologie. Dies führte innerhalb kürzester Zeit zu vielen Publikationen auf diesem Gebiet. Auch Culpeper nutzte die Gelegenheit und war ab sofort rege als Autor tätig. Er vertrat die Überzeugung, dass jedermann ein Recht auf Gesundheit habe. Deshalb übersetzte er das *»London Despensary«** aus dem

*Von der Medizinischen Fakultät erstelltes Verzeichnis der Heilpflanzen und ihrer Anwendungen. Vgl. A. Wear: Knowledge & Practice in English Medicine, 1550-1680, Cambridge 2000, S. 356

Zuordnung der Tierkreiszeichen zu Organen und Körperteilen. Aus einer Ausgabe von Culpeper's »English physician and complete herbal« aus dem Jahre 1790.

Lateinischen in die Sprache, die seine Landsleute verstanden. Damit verstieß er gegen die elitären Prinzipien des akademischen Standes. Die Ärzteschaft verärgerte er, als er *The English Physician* (Der englische Arzt) herausbrachte, »mit welchem einer seinen Körper gesundhalten oder sich von Krankheiten kurieren kann für nicht mehr als drei Pence«. Auch den Apothekern war er ein Dorn im Auge, als er verkündete, einheimische Pflanzen seien ebenso gut, wenn nicht sogar besser als die teuren Importe. Sein Buch *The Pharmacopoea of Herbal Medicine*, landläufig »Culpepers Kräuterbibel« genannt, liefert genaue Anleitungen zum Auffinden von Pflanzen und ihrer Zubereitung für den medizinischen Gebrauch sowie Emp-

fehlungen für die Anwendung bei bestimmten Erkrankungen.[47]
Culpepers Ruf als Heiler zog eine Reihe von Studenten an, insbesondere William Ryves, der sein Sekretär wurde. Ryves unterstützte Culpeper nicht nur in seinem umfangreichen literarischen Schaffen, sondern schrieb auch die zeitgenössische Biographie *The Life of the admired Physician and Astrologer of our times, Mr NICHOLAS CULPEPER.*

Culpepers Werke, vor allem der *Complete Herbal*, wurden vielfach illegal nachgedruckt, ein Zeichen ihrer Popularität. 1651 publizierte Culpeper seine *Semeiotica Uranica: Or an Astrological judgment of diseases from the decumbiture of the sick.** Die Arbeit erklärt den Einsatz der Astrologie zur Diagnose von Krankheiten ab dem ersten Einsetzen der Erkrankung und ist bis heute bei astromedizinisch Interessierten gefragt. Culpeper berief sich auf die eigene Anschauung und seinen Verstand statt auf die Autorität antiker Autoren. Indem er Patienten persönlich untersuchte, statt sich nur auf die Urinschau zu verlassen, wirkte er richtungsweisend auf die Medizin seiner Zeit. Ihn interessierte vor allem, wie und warum Medikamente wirksam sind, deshalb wollte er sich nicht nur auf die Werke der Antike verlassen. *»I cannot build my faith upon Author's words, nor believe a thing because they say it, and could wish every body were of my mind in this, – to labour to be able to give a reason for every thing they say or do.«*[48] 1651 vollendete er auch seinen Leitfaden für Hebammen und werdende Mütter (*A Directory for midwifes*). Das tragische Schicksal der eigenen Familie hatte seine Aufmerksamkeit auf dieses Thema gelenkt. In den vierzehn Jahren seiner Ehe hatte Alice sieben Kinder zur Welt gebracht, von denen außer Mary, alle starben. Auch Culpepers eigene Gesundheit hatte stark gelitten, wohl aufgrund einer Tuberkulose, die er sich im Bürgerkrieg zugezogen hatte. Er starb am 10.1.1654 im Alter von nur 37 Jahren.

**Astrologische Beurteilung von Krankheiten nach dem »Dekumbitur-Horoskop« des Kranken, dem Augenblick, in dem ein Kranker erstmals gezwungen ist, sich ins Bett zu legen. Dekumbitur von lat. decumbere - sich niederlegen.*

Goethes Vermächtnis an die Heilkunst

Am 28. August 1749, mittags pünktlich mit dem Glockenschlag 12, erblickte Goethe in Frankfurt am Main das Licht der Welt. Drei Tage hatte sich die Geburt hingezogen, wohl durch die Ungeschicklichkeit der Hebamme. »Dieser Umstand, welcher die Meinigen in große Not versetzt hatte, gereichte jedoch meinen Mitbürgern zum Vorteil, indem mein Großvater, der Schultheiß Johann Wolfgang Textor, daher Anlaß nahm, daß ein Geburtshelfer angestellt, und der Hebammenunterricht eingeführt oder erneuert wurde...«[49] Mit diesem höchst symbolträchtigen Start scheint das Leitmotiv für Goethes Leben gegeben, denn er war weit entfernt von jenem olympischen Götterbild strahlender Gesundheit, wie er gewöhnlich dargestellt wird. In Wirklichkeit war er oft von körperlichen Gebrechen geplagt. Schon als Knabe blieb er weder verschont »von Masern noch von Windblattern, und wie die Quälgeister der Jugend heißen mögen.« Vor allem aber machte er eine ernste Pockenerkrankung durch. Als neunzehnjähriger Student in Leipzig erlitt er einen lebensbedrohlichen Blutsturz. Es sollten noch weitere schwere Krankheiten folgen, die ihn insgesamt sechsmal an den Rand des Grabes brachten. Noch öfter ist er in seelischen Krisen innerlich fast gestorben, aber durch Bewusstmachung und vor allem durch dichterische Verarbeitung wieder genesen.

Stirb und Werde hieß sein Lebenskonzept. Gesundheit hatte für ihn keineswegs mit Abwesenheit von Krankheit und Leiden, jedoch mit Ganzheit und Gleichgewicht zu tun. *»Die sogenannte Gesundheit kann nur im Gleichgewicht entgegengesetzter Kräfte bestehen, wie das Aufheben derselben entsteht und besteht nur aus einem Vorwalten des einen über die andern.«*[50] Ein solches Gleichgewicht der Kräfte war Goethe keineswegs gegeben, er musste es sich immer wieder neu erkämpfen. Dabei hatte er als Erstes eine höhere, geistige Gesundheit im Sinn. Sie hatte zu tun mit Lebendigkeit, mit Lebenssinn und mit der Fähigkeit, trotz Leiden und Anfechtung innerlich unabhängig zu bleiben, zu wachsen, sich zu entfalten, der zu werden, der man wirklich ist.

Der Geist der Heilkunde hatte schon als Student eine starke Anziehung auf Goethe. Ganz im Gegensatz zur Juristerei, die vom Vater aufgedrängt er gerade »mit soviel Fleiß« betrieb, »als nötig war, um die Promotion mit einigen Ehren zu absolvieren.« Schon in Leipzig (1765-1768) und dann vor allem in Straßburg, wo er nach langer Rekonvaleszenz sein Studium 1770 fortsetzte, wählte er als Tischgenossen gerne Mediziner. Sie sind *»die einzigen Studierenden, die sich von ihrer Wissenschaft, ihrem Metier auch außer den Lehrstunden mit Lebhaf-*

tigkeit unterhalten. Es liegt dieses in der Natur der Sache. Die Gegenstände ihrer Bemühungen sind die sinnlichsten und zugleich die höchsten, die einfachsten und die kompliziertesten. Die Medizin beschäftigt den ganzen Menschen, weil sie sich mit dem ganzen Menschen beschäftigt.«[51]

Goethe vertiefte sich damals in das führende medizinische Lehrbuch Boerhaaves, dessen heilkundlich-theologische Aphorismen die Grundlage des medizinischen Unterrichts bildeten. Auch nahm er an medizinischen Vorlesungen teil: Chemie, Gynäkologie, Anatomie, besonders angetan war er von Professor Ehrmann, den er in seinem Klinikum besuchte: *»Die große Heiterkeit und Behaglichkeit, womit der verehrte Lehrer uns von Bett zu Bett führte, die genaue Bemerkung bedeutender Symptome, die Beurteilung des Gangs der Krankheit überhaupt, die schöne hippokratische Verfahrungsart, wodurch sich, ohne Theorie, aus einer eignen Erfahrung die Gestalten des Wissens heraufgaben, die Schlußreden, mit denen er gewöhnlich seine Stunden zu krönen pflegte, das alles zog mich zu ihm und machte mir ein fremdes Fach, in das ich nur wie durch eine Ritze hineinsah, um desto reizender und lieber.«*[52]

Auch in späteren Jahren suchte Goethe immer wieder den Austausch mit Ärzten, eine »Wahlverwandtschaft«, die vielmals Einzug in seine Werke hielt. Seinen eigenen Reifeweg hat er im Auge, wenn er die Läuterung des spät zum Wundarzt berufenen Wilhelm Meisters tiefsinnig deutet. *»Mit der Weisheit einer verständigen Zuchtmeisterin griff sie [die Krankheit] durch, faßte jedes Übel an der Wurzel, kehrte das Oberste zuunterst, warf aus, was zu grob war, verzehrte das Feinere, und unbarmherzig in ihren unaufhaltsamen Wirkungen brachte sie unseren Freund etlichemale an die Pforten des Todes. Aber auch ihre Kur war aus dem Grunde; alles Fremde und Falsche war vertrieben und der wohlgebaute Körper zu seinem künftigen*

66

Glücke in seinen innersten Verhältnissen wiederhergestellt.«[53]

Goethe hatte das Geschick, sich in gesundheitlichen Krisen stets ethisch herausragenden und fachlich hochstehenden Ärzten mit dem hippokratisch-ganzheitlichen Blick anzuvertrauen: Christian Wilhelm Hufeland, Johann Christian Stark, Wilhelm Rehbein, Carl Vogel. Unabdingbare Voraussetzung hippokratischer Heilkunst waren für ihn das ergriffene Staunen und die Ehrfurcht vor dem Menschen, diesem »lebendigen Wunder«. Diese Grundhaltung verband ihn besonders mit dem 40 Jahre jüngeren Arztfreund Carl Gustav Carus, Gynäkologe und Psychologe, gewissermaßen der Entdecker des Unbewussten schon ein halbes Jahrhundert vor Freud. Carus Wort an die Medizinstudenten könnte ebenso gut von Goethe selber stammen: »Ich nenne aber eines hier vor allem, worin der Schüler der Medizin sich insbesondere nebenher fortzubilden hat, und dieses ist die Gesinnung der Verehrung; welche mit einer gewissen Weihe […] umso mehr festzuhalten ist […] weil das Studium hier mit vielem ganz Materiellem, oft Unreinem und Rohem sich notwendig befassen muß […].«[54]

Das alte Wahre, faß es an!

Diese Gesinnung der Weihe und Verehrung pflegte Goethe auch in der eigenen Naturforschung. Dabei war er weitgehend ein Autodidakt. Der Goetheforscher Frank Nager bezeichnet ihn als »universalen naturwissenschaftlichen Dilettanten«[55], wenn wir *dilettare* im ursprünglichen Wortsinn innigen Liebhabens verstehen, als reine Freude an der Sache an sich. Goethe beschäftigte sich mit Geologie, Mineralogie, Optik, Morphologie, Botanik, Zoologie, Anatomie, Meteorologie und Astronomie. Seinem umfassenden naturwissenschaftlichen Werk, das in der großen Weimarer Ausgabe immerhin vierzehn Bände umfasst, hat er eine größere Bedeutung beigemessen als seiner Dichtung. Die Grundhaltung seines Forschens war überwältigende Ehrfurcht vor der geheimnisvollen Gott-Natur, die sich in allen Naturerscheinungen offenbarte. Aus der Natur entspringt für ihn »nach welcher Seite hin man schaue […] Unendliches.« Goethe mit seinem Drang zu umfassenden Sinnzusammenhängen und geistiger Einheit ging es darum, die Natur nicht gesondert und vereinzelt vorzunehmen, sondern aufzudecken, wie *»alles sich zum Ganzen webt, eins in dem andern wirkt und lebt.«* Solch heiliger Maxime getreu verabscheute er jede zerstückelnde, messende, einordnende Art der Naturbehandlung, wo es allein darum geht, dass etwas dabei herauskommt, dass Natur beherrschbar wird. Goethes Naturwissenschaft will vielmehr als Kunst verstanden sein, wo der ganze Mensch vor der ganzen Natur steht: Fühlend, erlebend, anschauend und analysierend. Streng methodisch und absolut wissenschaftlich ging er vor, getreu seinem Grundsatz, dass man vorab bei wachem Verstand den eigenen Sinnen unverbrüchlich zu trauen habe. Dann aber *»wende dich nach innen: Das Zentrum findest du da drinnen, wirst keine Regel da vermissen.«*[56]

Metamorphose: Das zentrale Gesetz der Entwicklung

Während seiner berühmten Italienreise (1786 - 1788) hoffte Goethe noch, die Urpflanze als reale Pflanze zu finden. Doch vom sinnlich Wahrnehmbaren musste er weiter vorstoßen zur Idee, zum Ewigen dahinter. Der *Metamorphose* hatte er sich verschrieben; dem in steter Wandlung Sich-Gestaltenden. Metamorphose ist das zentrale Gesetz der Entwicklung, der Polarität und Steigerung, der Anziehung und Abstoßung, des ewigen Rhythmus von Konzentration und Expansion, von Systole und Diastole, von Stirb und Werde. Es ist jene Gesetzmäßigkeit, die er sein ganzes Leben lang leidend, kämpfend, wachsend als ureigene innere Wahrheit erfahren hat. In der Pflanzenwelt vollzieht sich diese Metamorphose aus der herrschenden Grundform, dem Pflanzenblatt, welches sich durch den Wechsel der Verengung (Systole) und Ausdehnung (Diastole) in alle pflanzlichen Seitenorgane umwandelt: in das Keimblatt, das Laubblatt, das Kelchblatt, das Blütenblatt und den Staubfaden. Sie alle sind durch ein inneres, materiell nicht fassbares Prinzip geheimnisvoll verwandt, sie alle sind abgewandelte Blätter. Sein Werk über die »Metamorphose der Pflanzen« (1790) fand wenig Anerkennung in der Öffentlichkeit. Dennoch hielt ihn das allgemeine Desinteresse auch unter den Gelehrten nicht davon ab, die Metamorphose der tierischen und menschlichen Schädelknochen zu erforschen, nämlich aus der ursprünglichen Grundform, dem Wirbel. Auch hier ging es ihm um die Suche nach der Einheit, dem Typus, der Dauer im Wandel. Er sammelte Tierschädel aller Art, sogar den eines Elefanten, den er »in den innersten Zimmergen« versteckt hielt, damit man ihn »nicht für toll halte.« Am meisten aber lag ihm seine Farbenlehre am Herzen. Zwischen Goethes Optik und der Newtons liegen Welten. Goethes Farbenlehre ist viel eher eine tief ergriffene Farbentheologie: Farben sind Thaten des Lichts, Thaten und Leiden! Im Gegensatz zu Newton, der das weiße Licht in der Dunkelkammer mit Hilfe von Linse und Prisma in seine Spektralfarben zerlegte, ist Licht für Goethe eine unteilbare Einheit und entstehen die Farben aus der Vereinigung von Licht und Finsternis, von Hellem und Dunklem, durch die Beimengung eines trüben Mediums. Newton hat die Farben exakter Messung zugeführt, sie abstrakt-mathematisch geordnet und sie brauchbar gemacht zur technischen Nutzung. Goethes

Farbenlehre hat der modernen Optik bis heute nichts »Nützliches« gebracht; ist aber fruchtbar für die Physiologie, die Ästhetik, die Kunst und für die Philosophie. Grundsätzlich hielt Goethe bei seinen Forschungen mehr auf das eigene Auge als auf Technik. *»Der Mensch an sich selbst, insofern er sich seiner gesunden Sinne bedient, ist der größte und genaueste physikalische Apparat, den es geben kann und das ist eben das größte Unheil der neuern Physik, daß man die Experimente gleichsam vom Menschen abgesondert hat und bloß in dem, was künstliche Instrumente zeigen, die Natur erkennen, ja, was sie leisten kann, dadurch beschränken und beweisen will.«*[57]

Man lernt nichts kennen, als was man liebt

Den größten und genauesten medizinischen Apparat sah Goethe denn auch im Menschen selbst. Im historischen Teil der Farbenlehre findet sich die Schilderung des italienischen Mediziners und Universalgelehrten Hieroymus Cardanus (1501-1576), den er als vorbildlichen Arzt ansah. Er betrachtet die Wissenschaft *»überall in Verbindung mit sich selbst, seiner Persönlichkeit, seinem Lebensgange, und so spricht aus seinen Werken eine Natürlichkeit und Lebendigkeit, die uns anzieht, anregt, erfrischt und in Tätigkeit setzt. Es ist nicht der Doktor im langen Kleide, der uns vom Katheder herab belehrt; es ist der Mensch, der umherwandelt, aufmerkt, erstaunt, von Freude und Schmerz ergriffen wird und uns davon eine leidenschaftliche Mitteilung aufdringt.«*[58] - Kurz, der ideale Arzt muss authentisch, beziehungsfähig und vor allem warmherzig sein. »Mitschwingen« ist ein zentraler Lebensgrundsatz Goethes. Zudem wird vom Arzt Kreativität verlangt. Dadurch ist er dem Künstler verwandt. Nicht nur mit heiltechnischen Kunstgriffen und fachkundigem

Wissen tritt er gegen kranke Organe an, sondern mit seiner ganzen Persönlichkeit begegnet er der Ganzheit des Patienten. Dadurch wird er selber zu einem ausschlaggebenden »Mittel, dadurch die Natur des Patienten in das Werck gebracht wird.« (Paracelsus)

Ein sehr kluger Arzt muss Doktor Merz gewesen sein, der dem jungen Goethe während der mühseligen Erholung von seinem Blutsturz wohl »einige geheimnisvolle, selbstbereitete Arzneien im Hintergrunde« zeigte, von denen niemand sprechen durfte, weil den Ärzten die eigene Dispensation streng verboten war. »Mit gewissen Pulvern, die irgendein Digestiv sein mochten, tat er nicht so geheim; aber von jenem wichtigen Salze, das nur in den größten Gefahren angewendet werden durfte, war nur unter den Gläubigen die Rede...«[59] Mit pathetischer Geste und erst nach hinhaltendem Zögern hat er der »mit größtem Ungestüm« Hilfe fordernden Goethe-Mutter nachgegeben und ist mit seinem Wundermittel herausgerückt. Die Reaktion des sensiblen Patienten war verblüffend. »Das Salz war kaum genommen, so zeigte sich eine Erleichterung des Zustandes, und von dem Augenblick an nahm die Krankheit eine Wendung, die stufenweise zur Besserung führte.«[60]

Das Schöpferische ist mehr als Wissen, mehr als Theorie und Methode. Vielmehr ihr kreativer Einsatz durch eine liebevolle Persönlichkeit ist das Ausschlaggebende.

> Was auch als Wahrheit oder Fabel
> In tausend Büchern dir erscheint,
> Das alles ist ein Turm zu Babel
> Wenn es die Liebe nicht vereint.[61]

D. IOANNES CHRISTIANVS STARK
SER. MAGNO DVCI SAX. VIM A CONSILIIS INTIMIS ET ARCHIATER
LEGIONI HONOR. A NAPOLEONTE. M. FRANCO. GALL OR. IMPERAT. ADSCRIPT
FAC. MEDIC. IENENSIS PP. ORD. COMMANSTABIL. A XII. IAN. MCCLII DE ART. A. XXI. IAN. MDCCCXI

*Oben v.l.n.r.: Hufeland, Goethes Hausarzt in Weimar, der sich durch große Offen-
heit für psychosomatische Aspekte von Gesundheit und Krankheit auszeichnete.
Nach der Berufung Hufelands an die Berliner Charité wurde Johann Christian
Stark Goethes Hausarzt und Berater. Stark hat sich intensiv mit dem Einfluss von
Witterungsverhältnissen auf Krankheiten auseinandergesetzt, was dem wetter-
fühligen Dichter sehr entgegengekommen sein muss. In den letzten Lebensjahren
war es der von Goethe ganz besonders verehrte Carl Vogel (unten links), der den
greisen Dichter »hippokratisch« betreute. Unten rechts: Carl Gustav Carus, ton-
angebender Mediziner Dresdens, königlicher Hofarzt und Maler, ein universeller
Mensch wie Goethe.*

Die Lehre vom langen Leben
Hufeland (1762 - 1836)

»Es war zu Ende des Julius (1783), wo ich meinen Einzug in Weimar hielt«, so schildert Christoph Wilhelm Hufeland seine Anfänge als praktischer Arzt. *»Es war eine schwere Aufgabe für den jungen 21 jährigen Mann, die ganze große Praxis des Vaters - denn er hatte die stärkste, nicht bloß in der Stadt, sondern auch auf dem Lande bis an die Harzgrenze von Thüringen - zu übernehmen, und sie ist mir auch herzlich schwer geworden... Nicht allein nämlich mußte ich von früh bis abends zu Fuße herumlaufen; denn Weimar gehört zu den Mittelstädten, zu klein, um darin herumzufahren, und doch zu groß, um zu Fuß sich nicht recht sehr zu ermüden, sondern es kam nun noch die Landpraxis dazu. Bald schickte ein Pächter, bald ein reicher Bauer oder ein Landpastor oder ein Gutsbesitzer einen Wagen oder nur ein Pferd, oft ein schlechtes, um ihn zu besuchen, zuweilen vier bis fünf Meilen weit... wo ich dann bei den abscheulichen Wegen und im Winter oder Frühjahr bei Tauwetter oft in Lebensgefahr geriet. Und das Allerbeschwerlichste war, daß ich zugleich, nach der damaligen fast allgemein herrschenden Sitte, die Arznei selbst geben und also zum Teil den Apotheker machen mußte. Wenn ich also mit den Krankenbesuchen fertig war, so mußte ich nun noch Dekokte, Pulver, Pillen machen und selbst dispensieren, und was mir noch beschwerlicher war, abends 9 Uhr, oft mit völlig ermüdetem und erschöpftem Körper, mich hinsetzen und in die Krankenbücher die täglich verabreichten Arzneien eintragen, um zu Ende des Jahres oder der Krankheit die Rechnung machen zu können. Doch hatte dieses wieder den Vorteil, daß ich zugleich genötigt war, täglich mein Krankenjournal ordentlich zu führen. Auch hatte das Selbstdispensieren manche Vor-*

teile. Ich lernte die Arzneikörper weit besser kennen, konnte mich selbst von ihrer Güte und Echtheit überzeugen, war sicher, daß bei der Zubereitung nichts versehen wurde, und, was ein Hauptvorzug des Selbstdispensierens ist, auch bei der Zubereitung hatte ich oft einen glücklichen Einfall von dem oder jenem Zusatz (wie ein Koch von der oder jener Würze), der die Wirksamkeit erhöhte. Nicht zu gedenken des unendlich größeren Zutrauens, womit der Kranke die Arznei unmittelbar aus der Hand des Arztes empfing, und man weiß, wieviel dies zur Wirkung beiträgt...«[62]

Doch weit mehr als am Verabreichen von Arzneimitteln lag Hufeland an der Prävention von Krankheiten, und zwar auf äußerer wie auf innerer Ebene, damit repräsentiert er mit am typischsten den Geist der Goethezeit. Als Weimarer Hofarzt zum Kreise Goethes gehörend, las er im Jahre 1792 in Goethes berühmter Freitagsgesellschaft ein Kapitel über das organische Leben vor, und dieser Vortrag wurde entscheidend für seine spätere Laufbahn; denn Goethes Förderer Herzog Karl August berief den jungen praktischen Arzt unter diesem frischen Eindruck zum Professor an die Universität Jena. Das vorgetragene Kapitel war eine Vorarbeit zu dem 1797 veröffentlichten Buch *»Die Kunst das menschliche Leben zu verlängern«,* heute als *»Makrobiotik«* bekannt, ein Begriff einfachster Lebensweise schon in der Antike von Herodot und Hippokrates verwendet. Es wurde das berühmteste medizinische Buch der Goethezeit und bis in unsere Zeit immer wieder neu aufgelegt und in viele Sprachen, selbst ins Chinesische, übersetzt.

Hufeland wollte nicht nur erreichen, dass die Menschen gesünder und länger lebten, sondern er wollte auch dazu beitragen, sie »besser und sittlicher« zu machen. »Das ganze Wesentliche des Menschen ist seine Vervollkommnungsfähigkeit, und alles ist in seiner Organisation darauf berechnet, nichts zu seyn, und

Geselliges Zusammensein bei der Herzogin Anna Amalia im Weimarer Wittumspalais. Hier beschäftigte man sich mit gemeinsam gelesenen Büchern, mit den eben über die Bühne gegangenen Theaterstücken, den musikalischen Ereignissen der Saison oder arbeitete an den Journalen und Taschenbüchern mit, die in Weimar, Tiefurt oder Jena herausgegeben wurden. Hier initiierte Goethe auch seine »Freitagsgesellschaft«, interdisziplinär, neugierig, zwanglos und mit dem Ziel, sich gegenseitig zu inspirieren. Georg Melchior Kraus, ca. 1795.

alles zu werden.«[63] Physische und moralische Gesundheit sind für Hufeland genauso verwandt wie Leib und Seele. »Sie fließen aus gleichen Quellen, schmelzen in eins zusammen und geben vereint erst das Resultat der veredelten und vollkommensten Menschennatur.«[64] Wahre Kultur verlängert das Leben, sie wirkt nicht nur im Bereich des Geistes, sondern ebenso in die körperliche Sphäre.

Die Entdeckung der Homöopathie
Samuel Hahnemann (1755 - 1843)

Den engen Zusammenhang von Körper, Seele und Geist zu
sehen, wie auch die Kräfte des Unbewussten eingehend studiert
zu haben, wird allgemein als Leistung der Romantik anerkannt.
Samuel Hahnemann war einer der ersten Ärzte, der nachdrücklich die Ansicht vertrat, dass »die meisten, ja die allermeisten
Krankheiten dynamischen (geistigen) Ursprungs und dynami-
scher Natur sind, ihre Ursache also nicht sinnlich zu erkennen
ist.«[65] Durch Beobachtung, Nachdenken und Erfahrung fand er,
dass »die wahre, richtige, beste Heilung zu finden sey in dem

Satze: *»Wähle, um sanft, schnell, gewiß und dauerhaft zu heilen, in jedem Krankheitsfalle eine Arznei, welche ein ähnliches Leiden für sich erregen kann, als sie heilen soll!«*[66]

Der alte Goethe war ein entschiedener Anhänger der Homöopathie. Im Jahre 1820 schrieb er begeistert seinen Willemer-Freunden: »Dieser (Dr. Hahnemann) lehret nämlich: daß der millionste Teil einer angedeuteten, kräftigen Arznei gerade die vollkommenste Wirkung hervorbringe und jeden Menschen zur höchsten Gesundheit sogleich wiederherstelle [...] Ich glaube jetzt eifriger als je an die Lehre des wundersamen Arztes, seitdem ich die Wirkung einer allerkleinsten Gabe so lebhaft gefühlt und immer wieder empfinde [...] Möge dem Fürsten Schwarzenberg [...] es eben so gedeihen als mir, so wird jenem Arzt an Ruhm und Lohn keineswegs gebrechen.«[67]

Hahnemann konnte die guten Wünsche wahrlich gebrauchen. Viele Jahre hatte er ein entbehrungsreiches Wanderleben geführt, ständig weitergetrieben durch die Notwendigkeit, seine schnell wachsende Familie zu ernähren. Er hatte 8 Kinder. Dabei kam ihm zugute, früh gelernt zu haben, auf eigenen Beinen zu stehen. Er stammte aus ärmlichen Verhältnissen, schon sein Medizinstudium in Leipzig musste er sich durch Sprachunterricht und Übersetzungen selbst verdienen. Es folgte ein kurzes Auslandsstudium in Wien, wo er Kontakt zu Joseph von Quarin, dem Leibarzt der Kaiserin Maria Theresia, fand. Dieser vermittelte ihm im Jahre 1777 eine Hausarztstelle beim Gouverneur von Siebenbürgen, Baron Samuel von Brukenthal. 1779 verließ er Hermannstadt, um den medizinischen Doktorgrad an der Universität Erlangen zu erwerben.

Ein Jahr später ließ er sich in Hettstedt im Mansfeldischen nieder, doch scheint die erste Praxis wenig einträglich gewesen zu sein. Die folgenden beiden Jahrzehnte waren für Hahnemann und die Seinen ein permanentes Umherziehen. Sein kärgliches

Auskommen als Arzt besserte er durch zahlreiche Übersetzungen auf. In diese Zeit fiel auch das kühne Unternehmen, eine private »Irrenanstalt für Bessergestellte« in dem unweit von Gotha gelegenen Schloss Georgenthal einzurichten. Im Unterschied zum damals üblichen Umgang mit Geisteskranken, sollte auf Disziplinierungsmaßnahmen verzichtet werden; die Therapie bestand offenbar in Gesprächen, möglicherweise auch bereits homöopathischen Gaben, im Wesentlichen aber aus einem menschlich-fürsorglichen Umgang. Allerdings gab es nur einen Patienten, der das Honorar aufbringen konnte, den hannoverschen Autor und Beamten Friedrich Arnold Klockenbring, der dann auch im Frühjahr 1793 als geheilt entlassen wurde. Mangels weiterer Patienten musste Hahnemann danach seine Anstalt schließen. Unterdessen publizierte er weiterhin eifrig, insbesondere chemische und pharmazeutische Übersetzungen und eigene Schriften, aber auch ein zweiteiliges, viel gelesenes »Apothekerlexikon«. In diese äußerst produktive schriftstellerische Phase seines Lebens fiel die Entdeckung des Simile-Prinzips, das bis heute Grundbestandteil der homöopathischen Lehre geblieben ist. *»Jedes wirksame Arzneimittel erregt im menschlichen Körper eine Art von eigner Krankheit, eine desto eigenthümlichere, ausgezeichnetere und heftigere Krankheit, je wirksamer die Arznei ist. Man ahme der Natur nach, welche zuweilen eine chronische Krankheit durch eine andre hinzukommende heilt und wende in der zu heilenden (vorzüglich chronischen) Krankheit dasjenige Arzneimittel an, welches eine andre, möglichst ähnliche, künstliche Krankheit zu erregen im Stande ist und jene wird geheilet werden; Similia similibus.«*[68]
Vorausgegangen war der Ausformulierung dieses Lehrsatzes der berühmte Selbstversuch mit Chinarinde[69]. Hahnemann war bei der Übersetzung eines damaligen Standardwerks der Arzneimittellehre aufgefallen, dass der Verfasser, ein schottischer Arzt,

die Wirkung der Chinarinde gegen Malaria auf die Stärkung des menschlichen Verdauungstrakts zurückführte. Da ihn diese Erklärung nicht überzeugte, kam Hahnemann auf die Idee, die Wirkung dieses Medikaments am eigenen gesunden Körper zu überprüfen. Dabei glaubte er, bei sich Symptome feststellen zu können, wie sie bei Wechselfieber, wie Malaria damals häufig genannt wurde, auftraten. Sechs Jahre lang prüfte er an sich und seinen Familienmitgliedern mit anderen Substanzen das Prinzip der Ähnlichkeit. Die Ergebnisse über dieses Phänomen veröffentlichte er 1796 in einer der damals angesehensten medizinischen Zeitschriften, nämlich Hufelands »Journal der practischen Arzneykunde«. Dieses Datum gilt gemeinhin als die Geburtsstunde der Homöopathie.

Hahnemann ging es darum, zuerst einmal nicht zu schaden und den drastischen Methoden des 18. Jahrhunderts wie Aderlass und ähnlichen Pferdekuren einen Gegenpol zu setzen. *»Es scheint das unselige Hauptgeschäft der alten Medicin zu sein, die Mehrzahl der Krankheiten, die langwierigen, durch fortwährendes Schwächen und Quälen des ohnehin schon an seiner Krankheitsplage leidenden, schwachen Kranken und durch Hinzufügung neuer, zerstörender Arzneikrankheiten, wo nicht tödtlich, doch wenigstens unheilbar zu machen, – und, wenn man dies verderbliche Verfahren einmal am Griffe hat, und gegen die Mahnungen des Gewissens gehörig unempfindlich geworden, ist dieß ein sehr leichtes Geschäft!«*[70]

Dass Ähnliches durch Ähnliches behandelt wird, war an sich nichts neues, der Gedanke findet sich schon bei Hippokrates und Paracelsus. Was aber neu war und völlig dem Zeitgeist der Romantik entsprach, war, dass Hahnemann mit der Potenzierung und dem Verschütteln einen Schritt weiterging und sich auf die geistige Essenz, die immaterielle Information des Wirkstoffes konzentrierte, mit dem Nebeneffekt, dass der Stoff durch Befreiung vom Materiellen seine Giftigkeit verlor.

»Dynamisieren« nannte Hahnemann die durch mechanische Einwirkung an das Lösungsmittel übertragene Information. Als Vergleich führte er die in einem Stahlstab und einer Eisenstange schlummernde Magnet-Kraft an, da *»beide, wenn sie nach ihrer Verfertigung durch Schmieden aufrecht gestanden haben, mit dem untern Ende den Nordpol einer Magnet-Nadel abstoßen und den Südpol anziehen, während ihr oberes Ende sich an der Magnet-Nadel als Südpol erweist. Aber dies ist nur eine latente Kraft, nicht einmal die feinsten Eisen-Späne können von einem der beiden Enden eines solchen Stabes magnetisch angezogen oder festgehalten werden. Nur erst wenn wir diesen Stahl-Stab dynamisieren, ihn mit einer stumpfen Feile stark nach* **Einer Richtung hin reiben**, *wird er zum wahren, thätigen, kräftigen Magnete, kann Eisen und Stahl an sich ziehen und selbst einem andern Stahl-Stabe, durch bloße Berührung, ja selbst sogar in einiger Entfernung gehalten, magnetische Kraft mittheilen, in desto höherem Grade je mehr man ihn so gerieben hatte, und ebenso entwickelt Reiben der Arznei-Substanz und Schütteln ihrer Auflösung die medizinischen, in ihr verborgen liegenden Kräfte und enthüllt sie mehr und mehr, oder vergeistigt vielmehr die Materie selbst, wenn man so sagen darf.«*[71]

Hahnemanns homöopathische Taschenapotheke, die er in seinen letzten Lebensjahren in Paris benutzte.

Hahnemann vergeudete keine Zeit, seine Lehre Skeptikern gegenüber zu zerpflücken, lieber überzeugte er durch Taten. 1831, im Jahr der großen Cholera-Epidemie, führte er mit großem Erfolg seuchenhygienische Maßnahmen verbunden mit homöopathischer Behandlung durch. Permanent bestrebt seine Therapie zu verbessern, zeigte er sich bis ins hohe Alter recht experimentierfreudig. Nach dem Tod seiner ersten Frau heiratete er als 79-Jähriger die 45 Jahre jüngere Patientin Mélanie d'Hervilly und zog 1835 mit ihr nach Paris. Aus jener Zeit stammt dieser Fallbericht, der durch den französischen Schriftsteller Ernest Legouvé (1807-1903) erhalten ist. Kurz vor ihrem vierten Geburtstag erkrankte dessen Tochter Marie schwer. Von den Ärzten aufgegeben, gelang es Hahnemann, sie zu heilen. In seinen Lebenserinnerungen »Soixante ans de souvenirs« beschreibt Legouvé diese berührende Episode unter dem Titel »Die Auferstehung eines Kindes.«

Ihre Augen waren bereits verschlossen, ihr Körper machte keine Bewegung mehr, ihr wirres Haar umflorte ihre Stirn. Aber von dem Kind ging solch ein Liebreiz aus, als ob ihrem Antlitz die Nähe des Todes nur zusätzliche Anmut verlieh. Amaury verbrachte die Nacht damit, sie zu zeichnen, wobei sich der arme Junge dauernd die Augen abwischen musste, um zu verhindern, dass seine Tränen auf das Papier fielen. Am Morgen war das Porträt fertig, er hatte unter dem Ansturm der Gefühle ein Meisterwerk hervorgebracht. Als er sich unter unseren Danksagungen verabschieden wollte, sagte er plötzlich: »Aber wenn euer Arzt nun euer Kind für aufgegeben erklärt, warum wendet ihr euch nicht an die neue medizinische Lehre. Warum geht ihr nicht und holt Hahnemann?«
Hahnemann kam, gestützt auf einen dicken Stock mit einem Knauf aus einem goldenen Apfel. Er war fast achtzig Jahre alt,

ein bemerkenswerter Kopf, seine weißen, seidigen Haare zurückgekämmt sorgfältig um den Hals gelockt; die Augen von einem tiefen Blau umgeben von einem fast weißen Ring um die Pupillen; ein gebieterischer Mund, die Unterlippe vorgeworfen; eine Adlernase. Beim Eintreten ging er direkt auf das Bettchen zu, warf einen durchdringenden Blick auf das Kind und ließ sich die Einzelheiten der Erkrankung berichten, ohne seine Augen vom Kind abzuwenden. Dann schoss ihm die Röte in die Wangen, die Venen der Schläfe schwollen an und er rief mit zorniger Stimme: »Werft all diese Arzneien, all die Fläschchen, die ich hier sehe, aus dem Fenster! Tragen Sie das Bettchen aus diesem Zimmer! Wechselt die Laken, die Kissen und gebt ihr soviel Wasser zu trinken wie sie mag. Die haben ihr Glut in den Körper geworfen. Zuerst muss das Feuer gelöscht werden! Dann werden wir sehen.« Wir wandten ein, dass der Wechsel der Temperatur, der Wäsche für sie sehr wohl gefährlich sein könnte. »Tödlich ist für sie« erwiderte er ungeduldig, »diese Atmosphäre und die Arzneimittel«.

Am Abend kam er wieder, auch am nächsten Tag, und begann mit seinen Heilmitteln, er sagte nichts als »Wieder ein Tag gewonnen«. Am zehnten Tag entwickelte sich plötzlich eine drohende Gefahr. Eine Kälte erreichte die Knie. Er kam um acht Uhr abends und blieb eine Viertelstunde an ihrem Bett, wie jemand, der Opfer einer großen Furcht ist. Nachdem er sich mit seiner Frau beraten hatte, gab er uns schließlich eine Arznei und sprach: »Lassen Sie sie das einnehmen und Sie werden sehen, dass der Puls bis ein Uhr kräftiger werden wird.«

Als ich gegen elf Uhr ihren Arm hielt, erschien es mir plötzlich, als ob sich der Pulsschlag leicht veränderte. Ich rief meine Frau, wir fühlten nach dem Puls, keiner wagte irgendetwas zu bestätigen, niemand wagte zu jubeln, bis wir uns dann, nach ein paar Minuten, in die Arme fielen: Der Puls war kräftiger

Amaury Duval: Die kranke Marie Legouvé, 1838.

geworden. Acht Tage danach war die Patientin genesen.

Diese Heilung war das Ereignis in Paris, ja geradezu ein Skandal. Mein Name war nicht gerade unbekannt, man sprach von Wunder, von Auferstehung! Die ganze Ärzteschaft war in heftiger Aufruhr, der arme Dr. R. wurde von seinen Kollegen beiseite genommen, die lebhaftesten Diskussionen brachen in der Pariser Welt und an der Fakultät aus. [...] Als meine Tochter geheilt war, zeigte ich ihm (Hahnemann) die wunderbare Zeichnung von Amaury Duval. Lang und gefühlvoll betrachtete er das Bild, wie sie dem Tode nahe war, als er sie zum ersten Male sah, bevor er sie zum Leben zurückholte, dann verlangte er nach einer Feder und schrieb an den Rand: »Gott hat sie gesegnet und gerettet. Samuel Hahnemann«.[72]

Marie blieb wie die ganze Familie Legouvé bis kurz vor Hahnemanns Tod in seiner Behandlung.

83

Magnetische Kuren
Franz Anton Mesmer (1734 - 1815)

Ähnliches Aufsehen wie die Homöopathie erregten zu Goethes Zeit die magnetischen Kuren des Franz Anton Mesmer, der sogenannte *Mesmerismus*. Franz Anton Mesmer war das dritte von neun Kindern des Anton Mesmer, eines Försters beim Fürstbischof von Konstanz. In Iznang am Bodensee aufgewachsen erhielt der achtjährige Franz Anton zunächst Musik- und Lateinunterricht im nahen Kloster Grünenberg. Von 1746 bis 1750 besuchte er das Konstanzer Jesuitenkolleg. 1750 bis 1754 folgten das Studium der Logik, Metaphysik und Theologie in Dillingen, das Studium der Theologie in Ingolstadt, und ab 1759 ein Studium der Medizin in Wien, unter anderem bei Gerard van Swieten, Hofarzt der Kaiserin Maria Theresia. Inspiriert durch den katholischen Geistlichen Johann Joseph

Gaßner beschäftigte Mesmer sich mit den Anziehungskräften der Planeten sowie mit ihrem Einfluss auf den menschlichen Körper, und verfasste 1766 seine medizinische Dissertation unter dem Titel *»De planetarum influxu in corpus humanum«*. 1768 heiratete Mesmer die wohlhabende Witwe Maria Anna von Posch und ließ sich als Arzt in Wien nieder.

Das kinderlose Ehepaar Mesmer besaß neben einer Praxis mit Laboratorium auch einen weiten, beinahe fürstlichen Garten mit schattigen Baumgängen, antiken Statuen und einem Naturtheater. Hier hörte man meist lange vor dem Druck die neuesten Quartette, Arien und Sonaten von Haydn, Mozart und Gluck, den intimen Freunden des Hauses, aber auch das Neueste von Piccini und Righini. Besonders innig war die Verbindung zu Mozart. Mesmer soll bei dem Zwölfjährigen das Singspiel »Bastien und Bastienne« in Auftrag gegeben wie auch sein Gartentheater für die Uraufführung des Stückes zur Verfügung gestellt haben. Diesen Freundschaftsdienst vergaß der junge Wolfgang nicht: in allen Briefen erzählt er begeistert von Mesmer. Und als er im Jahre 1781 ständig Aufenthalt in Wien nahm, fuhr er im Postwagen geradeaus vom Schlagbaum in das vertraute Haus. »Ich schreibe dies im Garten Mesmers auf der Landstraße«, so begann sein erster Brief an den Vater vom 17. März 1781.[73] Später setzte er dem verehrten Freund in »Cosi fan tutte« ein unvergessliches Denkmal.

Hier der Magnetstein
Solls euch beweisen.
Ihn brauchte Mesmer einst,
Der seinen Ursprung nahm
Aus Deutschlands Gauen
Und so berühmt ward
In Francia.[74]

Der kunstliebende Anton Mesmer war in Wien hochangesehen. Allgemein rühmte man seine Bildung, sein anspruchslos sympathisches Wesen, seine offene Hand und seinen offenen Sinn. Sogar seine Kollegen, die Wiener Ärzte, schätzten ihn als vortrefflichen Medikus - zumindest bis zu jenem Tag, als er begann sein Heilungskonzept vom *Animalischen Magnetismus** öffentlich vorzustellen. Stefan Zweig hat die Entdeckung, die naturheilkundlich wie geisteswissenschaftlich bis in unsere Zeit hinein wichtige Impulse setzen sollte, in *»Die Heilung durch den Geist«* beschrieben.

Im Sommer 1774 reist ein vornehmer Ausländer mit seiner Frau durch Wien, und diese bittet, von einem plötzlichen Magenkrampf befallen, den bekannten Astronomen Maximilian Hell, einen Jesuitenpater, er möge ihr zu Heilzwecken einen Magneten in handlicher Form anfertigen, den sie sich auf den Magen legen könnte. Denn daß dem Magneteisen besondere Heilkraft innewohne, diese für uns etwas seltsame Annahme, gilt der magischen und sympathetischen Medizin der Vorzeit als unbezweifelbare Tatsache. Schon das Altertum hat das eigenwillige Verhalten des Magneten – Paracelsus nennt ihn später den »Monarchen aller Geheimnisse« - immer wieder erregt, weil dieser Außenseiter unter allen mineralischen Elementen ganz besondere Eigenschaften zeigt. Denn während Blei und Kupfer, Silber, Gold und Zinn und das gemeine, gleichsam unbeseelte Eisen ohne jedes Eigenleben nur der Schwerkraft gehorchen, äußert dieses eine und einzige Element unter allen etwas Seelenhaftes, eine selbständige Aktivität. Der Magnet zieht das andere, das tote Eisen herrisch an sich heran, er vermag als einziges Subjekt innerhalb der bloßen Objekte etwas wie persönlichen Willen auszudrücken, und unwillkürlich läßt sein selbstherrliches Gehaben vermuten, er gehorche anderen als den irdischen – vielleicht astralen – Gesetzen des Welt-

---

* Vom lateinischen *animal*, dt. Geschöpf, Lebewesen, Tier.

alls. Zur Nadel gespitzt, hält er unbeirrbar seinen eisernen Finger dem Pol entgegen, Führer der Schiffe und Wegweiser der Verirrten: so scheint es wirklich, als ob er eine Erinnerung seines meteorischen Ursprunges innerhalb der irdischen Welt bewahre. Derart auffallende Besonderheiten bei einem einzigen Metall mußten natürlich von allem Anfang an die klassische Naturphilosophie faszinieren. Und da der menschliche Geist dazu neigt, ständig in Analogien zu denken, so schreiben die Ärzte des Mittelalters dem Magneten eine sympathetische Macht zu. Jahrhundertelang proben sie herum, ob er nicht befähigt sei, so wie Eisensplitter auch manche Krankheiten aus dem menschlichen Leibe an sich heranzuziehen. [...]

Der Jesuitenpater Hell, an den sich der fremde Patient wendet, ist Astronom und kein Arzt. Ihn kümmerts nicht, ob der Magnet tatsächlich eine Heilwirkung bei Magenkrämpfen ausübe oder nicht, er hat nur den Magneten formentsprechend zu schweißen. Das tut er pflichtgemäß. Gleichzeitig berichtet er aber seinem Freunde, dem gelehrten Doktor Mesmer, von dem ungewöhnlichen Fall. Mesmer nun, semper novarum rerum cupidus, immer lernbegierig, neue Methoden der Wissenschaft zu erfahren und zu erproben, bittet seinen Freund Hell, ihn auf dem laufenden zu erhalten über den Effekt der Kur. Kaum hört er, daß tatsächlich die Magenkrämpfe der Kranken völlig aufgehört hätten, so besucht er die Patientin und staunt über die sofortige Linderung, welche die Anlegung des Magneten zur Folge hatte. Die Methode interessiert ihn. Sofort beschließt er, sie jetzt seinerseits auszuproben. Er läßt sich nun ebenfalls von Hell Magnete ähnlichen Formats anfertigen und macht damit bei einer Reihe von anderen Patienten Versuche, indem er ihnen den hufeisenförmigen bestrichenen Stahl bald auf den Hals, bald aufs Herz, immer aber auf den leidenden Körperteil legt. Und sonderbar - in einigen Fällen erzielt er damit zu *seiner eigenen Überraschung nie erwartete, nie geahnte Heilungserfolge, besonders bei einem Fräulein Österlin, die er auf diese Art von ihren Krämpfen heilt, und bei dem Mathematikprofessor Bauer.*

Ein argloser Kurpfuscher würde nun sofort den Mund weit aufreißen und spektakulieren, er habe einen neuen Gesundheitstalisman gefunden: das Magneteisen. Es scheint ja so sonnenklar, so einfach – man braucht also bei Krämpfen und epileptischen Zuständen den Kranken nur rechtzeitig das zauberische Hufeisen auf den Leib zu legen, unbesorgt um das Wie und Warum, und siehe, das Mirakel der Genesung ist vollbracht. Aber Franz Anton Mesmer ist Arzt, Wissenschaftler, Sohn eines neuen Zeitalters, das in kausalen Zusammenhängen denkt. Ihm genügt nicht die augenfällig bewiesene Feststellung, daß der Magnet bei einer ganzen Reihe seiner Patienten beinahe magisch geholfen: als ernster, denkender Arzt will er eben, weil er nicht an Wunder glaubt, sich selbst und den andern erklären, warum dieses geheimnisvolle Mineral solche Wunder wirkt. Mit seinem Experiment hat er bisher nur einen Nenner der Rätselheilung in Händen: den oftmaligen Heileffekt des Magneten; zum logischen Schlüsse braucht er aber noch die andere Ziffer, die kausale Begründung. Dann erst wäre das neue Problem für die Wissenschaft nicht bloß gestellt, sondern auch schon gelöst.

Und sonderbar: ein verteufelter Zufall scheint ihm und gerade ihm dies andere Ende in die Hand gespielt zu haben. Denn eben dieser Franz Anton Mesmer hat doch vor beinahe zehn Jahren, 1766, den Doktorgrad mit einer sehr merkwürdigen, mystisch gefärbten Dissertation erworben, benannt »De Planetarum influxu«, in welcher er unter dem Einfluß mittelalterlicher Astrologie eine Wirkung der Gestirne auf den Menschen annahm und die These aufstellte, daß irgendeine geheimnisvolle Kraft

»durch weite Räume der Himmel ergossen, auf das Innerliche jeder Materie einwirke, daß ein Uräther, ein geheimnisvolles Fluidum den ganzen Kosmos und damit auch den Menschen durchdringe«. Dieses Urfluidum, dieses Endprinzip, bezeichnete der vorsichtige Studiosus damals nur höchst unbestimmt als die »gravitas universalis«, die allgemeine Schwerkraft. Diese seine eigene jugendliche Hypothese hatte der gereifte Mann wahrscheinlich längst vergessen. Aber als Mesmer jetzt bei dieser zufälligen Kur durch den Stahlmagneten, der doch als Meteorstein gleichfalls von den Sternen stammt, so unerklärbaren Einfluß ausgeübt sieht, da schießen plötzlich diese beiden Elemente, das Empirische und das Hypothetische, die durch Magnetauflage geheilte Patientin und die These der Dissertation zu einer einheitlichen Theorie zusammen – jetzt glaubt Mesmer seine philosophische Annahme durch jene sichtbare Heilwirkung unwiderlegbar bestätigt und meint für jene unbestimmte »gravitas universalis« den richtigen Namen zu wissen: die magnetische Kraft, deren Anziehung der Mensch ebenso gehorcht wie die Sterne des Weltalls. Das Magnetische ist also, so jubelt voreilig freudig seine Entdeckerlust, die »gravitas universalis«, jenes »unsichtbare Feuer« des Hippokrates, jener »spiritus purus, ignis subtilissimus«, der als schöpferische Allflut den Äther des Weltalls ebenso wie die Zelle des menschlichen Körpers durchströmt! Die Brücke, die langgesuchte, welche die Sternenwelt der Menschheit verbindet, scheint ihm in seiner Zufallstrunkenheit gefunden. Und er fühlt stolz und erregt: wer sie mutig überschreitet, der betritt ein unbekanntes Land.[75]

Mesmer erkannte bald, dass auch Luftstriche oder das Auflegen der Hand magnetische Wirkung zeigten. Zum Aufspüren des Krankheitsherdes führte er diese *»über den in Stockung gera-*

tenen Theil, welcher sich gemeiniglich durch eine leichte im Innern der Hand wahrgenommene Wärme merkbar macht«,[76] und ließ sie dort verweilen. Hat man die Stelle sichergestellt, *»so berühre man beständig die Ursache der Krankheit, unterhalte die symptomatischen Schmerzen bis man sie in kritische verwandelt. Hierdurch unterstützt man die Anstrengung der Natur gegen die Ursache der Krankheit, und führt sie zu einer heilsamen Krise, das einzige Mittel, von Grund aus zu heilen.«*[77]

Die Medizinische Fakultät stand Mesmers Thesen äußerst kritisch gegenüber, und nach den großen Erfolgen in einem in Wien gegründeten Hospital formierten sich Gegner. Sie benutzten die erst so vielversprechende und dann in einen Misserfolg umgeschlagene Behandlung der bekannten Pianistin und Komponistin Maria Theresia Paradis, die seit dem dritten Lebensjahr blind war, um seine Heilmethode als unwirksam hinzustellen. Er wurde sogar des Betruges bezichtigt. Auf der Schandbank zu sitzen brachte Mesmer jedoch keineswegs von seinem Ziel und seiner Idee ab, eine bahnbrechende Entdeckung zum Wohle der Menschheit gemacht zu haben. Anfang des Jahres 1778 reiste er nach Paris, wo er sich an der Place Vendôme, nahe den Tuilerien mit seiner Praxis niederließ. Obwohl von seinen Fachkollegen weiterhin als Scharlatan diffamiert, wurde er bis in die obersten gesellschaftlichen Kreise bald außerordentlich populär, so dass er Gruppenbehandlungen um das Baquet, den »Gesundheitszuber« einführte: Eine mit Eisen- und Magnetstücken sowie mit Glas und Wasser gefüllte hölzerne Wanne wurde von ihm magnetisiert; aus dieser ragten Eisenstäbe heraus, die sich die Kranken direkt an die erkrankten Körperstellen legten. Mittellosen soll er geholfen haben, indem er einen Baum im Park magnetisierte und ihnen so Gelegenheit bot, sich über Hanfseile mit der magnetischen Kraft zu verbinden.

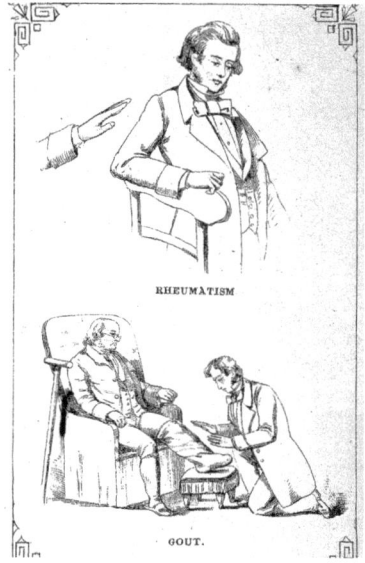

Mesmerische Behandlung bei Rheuma, Gischt und Wirbelsäulenerkrankung. Die Übertragung magnetischer Heilströme konnte durch Auflegen der Hand, aber auch ohne Berührung erfolgen, oft setzte Mesmer auch Luftstriche, sogenannte Passes ein. Die Behandlung einer Frau mit Einschlafschwierigkeiten in Meersburg wurde so protokolliert: »Der Arzt benutze beide Hände ohne die Patientin zu berühren und streiche damit von der Höhe des Scheitels über beide Arme bis zu den Fingerspitzen, danach bis zu den Zehen; nie dem Energiestrom entgegen.«

Immer wieder erklärte Mesmer, an seiner neuen Heilweise sei nichts Mystisches, sondern es sei vielmehr eine Wissenschaft, die ihre Gründe, Folgen und Sätze habe. In Paris verfasste er mehrere Bücher, in denen er seine Theorien und praktischen Erfahrungen beschrieb. Im Jahre 1779 erschien seine Denk-schrift *»Mémoire sur la découverte du magnétisme animal«* (Bericht über die Entdeckung des Animalischen Magnetismus). In dieser Schrift sind die 27 Thesen enthalten, die man heute als

91

die Grundlagen des Heilmagnetismus bezeichnet.

Ab 1784 beschäftigte sich eine vom französischen König berufene Expertenkommission mit Mesmers Behauptung, er habe eine neue physikalische Kraft entdeckt. Das Votum war fast einstimmig ablehnend und führte zur vorübergehenden Androhung eines Verbots der Anwendung des Animalischen Magnetismus. Ungeachtet dessen wurde in zwanzig über das Land verteilten Einrichtungen der mit ihm gemeinsam gegründeten Gesellschaft *Societé d' Harmonie de France* gelehrt und praktiziert. Von Straßburg sprang die Bewegung auf das nahe Karlsruhe über, kam von dort nach Heilbronn, Bremen und nach Berlin, und verbreitete sich auch in der Schweiz.

Schließlich fand Mesmer doch noch Anerkennung in Deutschland, wo er seine letzten Lebensjahre wieder am Bodensee verbrachte. Im Jahre 1812 berief der preußische König Friedrich Wilhelm III. eine Kommission zur Untersuchung des Heilmagnetismus unter dem Vorsitz von Hufeland. 1816 wurde die Anwendung in Preußen auf Ärzte beschränkt. Zwischen 1809 und 1819 etablierte sich der Mesmerismus an den Universitäten. In Berlin wurde Karl Christian Wolfart 1817 gegen den Widerstand empirisch ausgerichteter Mediziner auf eine Professur für »Pathologie, Therapie, Mesmerismus und Magnetismus« berufen. Der Funke hatte also doch noch gezündet. Wie schrieb Stefan Zweig über Mesmer: »Während die anderen breit und schwer auf ihren alten Methoden hocken, tappt dieser Einsame im Dunkel nach vorwärts und tastet langsam aus kindlichen und mittelalterlichen Vorstellungen in den geistigen Gedankenkreis der Gegenwart.«[78]

V

19. und 20. Jahrhundert

Unternehmerschwung und neue Geistigkeit

Es ist meine feste Überzeugung, daß von jetzt an bis in unbestimmte Zukunft das wahre Problem ein psychologisches sein wird. Die Seele ist Vater und Mutter all der anscheinend unlösbaren Schwierigkeiten, die sich vor unseren Augen zum Himmel türmen.

C.G. Jung, Briefe[79]

Lucas Cranach d. Ä.: Der Jungbrunnen, 1546 (Ausschnitt). Viele Details stellen die reale Badekultur des Mittelalters dar, die auf dem Glauben beruhte, dass bestimmte Bäder heilen und verjüngen können. Abb. rechts: Griechen wie Römer glaubten an die Heilkraft des Wassers. Sie bauten öffentliche Bäder, die sich zu Erholungs- und Gesellschaftszentren der Städte entwickelten. Griechisches Frauenbad, 650 v. Chr.

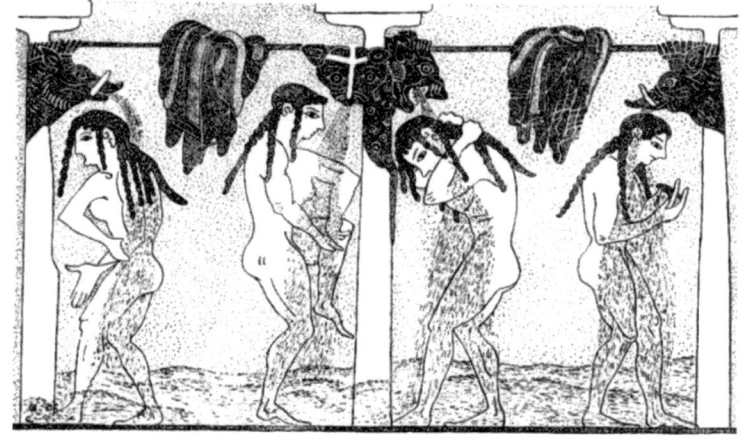

Hydrotherapie gegen Pocken und Pest

Greifbarer als die Heilkraft des Äthers war die des Wassers. Schon die Ärzte der Antike setzten sich nachhaltig für den gesundheitlichen Wert des Wassers ein. Hippokrates behauptete als erster, dass kaltes Wasser wärme, warmes dagegen kühle. Er kannte Begießungen mit kaltem Wasser bei Starrkrampf, Rheuma und Gicht, benutzte Waschungen, Bäder, Wickel und ließ seine Patienten bei fieberhaften Erkrankungen sehr viel reines oder mit Honig vermischtes Wasser trinken. Als abhärtend galten bei den Griechen Schwitzbäder, die durch Kohlebecken und heiße Steine geheizt wurden. Petronas, ein Arzt aus der Zeit des Hippokrates erfand das Kastendampfbad, das auch im späteren Mittelalter bekannt war und dann Ende des 18. Jahrhunderts zu neuem Leben erweckt wurde.

Einer der Wegbereiter der modernen Wassertherapie[80] war der Arzt Herman van der Heyden aus Gent. Im Jahre 1643 soll er während einer verheerenden Ruhrepidemie 360 Kranke mit

Hilfe von kaltem Wasser geheilt haben. Die entscheidenden Impulse aber gingen von englischen Ärzten aus. Mit den verschiedensten Wasseranwendungen versuchten sie unter der ärmeren städtischen Bevölkerung Krankheiten wie Skrofulose und Rachitis zu bekämpfen. Großen Widerhall fand John Floyers »Psychrolusia«, eine Geschichte des kalten Bades. Die Schrift erreichte in London zwischen 1702 und 1732 sechs Auflagen und wurde 1749 ins Deutsche übersetzt. Begeisterte Anhänger der Hydrotherapie waren auch der in Bath tätige Arzt Edward Baynard und der berühmte niederländische Arzt Hermann Boerhaave, Professor an der Universität Leiden. Er benutzte vor allem Übergießungen bei der Behandlung gelähmter Patienten. In Deutschland waren es besonders die oft verspotteten »Wasser-Hähne«, die von sich Reden machten. Erfolgreich setzten sich Johann Sigmund Hahn und sein gleichnamiger Sohn im Jahre 1737 bei einer furchtbaren Typhusepidemie in Breslau ein. Hahn junior, der wie sein Vater auch bei rauer Witterung kalt badete, bediente sich gerne des französischen Sprichwortes: »Dix yvrognes ne valent pas en amoureuse affaire un buveur d´eau.« (Zehn Trunkenbolde vermögen im Liebeshandel nicht soviel wie ein Wassertrinker).

Zu einem wahren Mekka der Leidenden wurde in den zwanziger Jahren des 18. Jahrhunderts die Insel Malta, wo der aus Sizilien stammende Kapuziner Bernardo als Wasserarzt wirkte. In Europa erregte er ungeheures Aufsehen durch seine Kuren mit kaltem Wasser, Eis und Schnee. Vor allem wandte er seine mit einer strengen Diät verbundene Kur gegen die Pocken an. Durch die Einseitigkeit seiner Kuren geriet der Kapuziner allerdings in den Ruf der Kurpfuscherei. Doch einzelne Heilmittel, wie das Barfußgehen auf nassem Boden und frischem Schnee, waren durchaus wirkungsvoll und sollten in der späteren Wasserheilkunde wieder eine wichtige Rolle spielen.

Der Wasserdoktor, der kaum lesen kann
Vincenz Prießnitz (1799 - 1851)

Anfang des 19. Jahrhunderts machte der neunzehnjährige Bauernsohn Vincenz Prießnitz[81] aus Gräfenberg im österreichischen Schlesien mit ungewöhnlichen Heilerfolgen auf sich aufmerksam. Vincenz konnte kaum lesen und schreiben, hatte aber praktisches Geschick und eine gute Beobachtungsgabe. So war ihm aufgefallen, dass viele seiner Landsleute kleinere Verletzungen ihrer Pferde und Rinder erfolgreich mit kalten Umschlägen behandelten. Nachdem er selbst mit einem feuchten Wickel gute Erfahrungen gemacht hatte - er war vom Pferd gestürzt und hatte sich zwei Rippen gebrochen - war er endgültig vom Wert der Wasserbehandlung überzeugt. Bald verbreitete sich sein Ruf als Wasserdoktor und er wurde in entfernte Ortschaften gerufen, wo vor allem ärmere Kranke seine Hilfe in Anspruch nahmen. Im Jahre 1853 schreibt das Leipziger Blatt »Die Gartenlaube«: *Was Prießnitz so groß hinstellte, waren vor allem seine natürliche Begabung, sein Natur- und Scharfsinn in der Auffassung der ihm unter die Hände kommenden Krankheitsfälle, seine wenigen und von jedem Laien leicht fass- und begreifbaren natürlichen Heilmittel – die frische, freie Bergesluft, die sprudelnden klaren Bergesquellen, eine tätige Beschäftigung (teils ländliche Arbeit, teils Gehen, Bergsteigen, Turnen), und endlich eine kräftige einfache Diät, eine nüchterne Hausmannskost. Es waren hiermit alle Momente geboten, die eine sich durchaus an die Natur und ihre Gesetze lehnende Lebens- und Heilweise erfordert. Daß Prießnitz sie auch zur letzteren, und zwar ausschließlich benutzte, ist sein größtes Verdienst, das wir aber wohl nicht allein auf Rechnung seiner Person, als besonders auch mehrerer ihn begünstigender glücklicher Nebenumstände schreiben müssen. Blieb ihm ja*

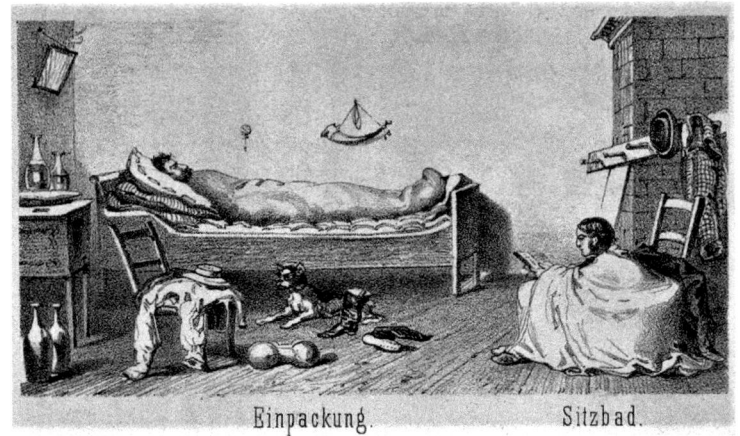

Einpackung.   Sitzbad.

»Die Anwendungen in der Wasserheilanstalt Gräfenberg«. Prospekt um 1830.

doch als Bauer, ohne wissenschaftliche Studien und Kenntnisse und ohne gesetzliche Befugnis von vornherein schon fast keine andere Wahl; dann auch wurde er durch den einmal erlangten Ruf als Wasser- und Naturarzt und durch den Enthusiasmus und vielleicht entschiedenen Eigensinn seiner Patienten, keine Medikamente mehr brauchen zu wollen, förmlich gezwungen, konsequent und ausschließlich seiner Naturheilweise die Heilung seiner Patienten anzuvertrauen. Auf diese beschränkt, sah er sich natürlich genötigt, sie für alle möglichen vorkommenden Fälle zu kombinieren, zu modifizieren; und auf diese Weise hat er einen Heilapparat zusammengestellt, mit dem er Wunder verrichtete, an's Unglaubliche grenzende Heilungen zu Wege gebracht, hat er einen Heilapparat aufgestellt, der kaum noch der Erweiterung und Vervollkommnung fähig wäre, wenn wir für jetzt etwa uns noch unbekannte oder wenigstens noch nicht genügend bekannte Naturkräfte (Elektrizität, Magnetismus?) ausschließen.[82]

Douche.   Leibbinde.

Prießnitz nahm an, dass alle Krankheiten, die nicht in äußerlichen Verletzungen gründeten, von Verunreinigungen des Organismus durch Genuss schädlicher und zu vieler Nahrungsmittel, sowie von Bewegungsmangel und unterdrückter Hautausatmung rührten. Aber auch Zorn, Ärger, Sorgen und Kummer hielt er für wichtige Ursachen bei der Entstehung von Krankheiten. Trotz heftiger Widerstände seitens der Ärzteschaft, erreichte er 1830 die Genehmigung zur Errichtung und Führung einer Kaltwasser-Heilanstalt. Zur Blütezeit der Gräfenberger Einrichtung, in der etwa 100 Heilungssuchende aufgenommen werden konnten und weitere 150 Kranke im Dorf Unterkunft fanden, nutzte Prießnitz bereits eine ganze Palette von Kurmitteln. Neben den Vollbädern kannte Prießnitz Halbbäder und die unterschiedlichsten Teilbäder für die spezielle Einwirkung auf einzelne Körperteile. Für das beste Abhärtungsmittel – und Abhärtung spielte für ihn eine große Rolle – hielt er die Dusche, wobei eiskaltes Wasser in dickem Strahl aus

99

Bewegung.   Trinken.

einer Höhe von mehreren Metern auf den Patienten niederfiel. Die Trinkkur (empfohlen wurden täglich 12-30 Gläser Wasser), Abwaschungen, Umschläge, Klistiere und Spülungen ergänzten die Behandlung.

Anstrengend war seine Schwitzkur. Der Kranke wurde bis zur Kinnspitze fest in Decken eingewickelt, darüber kamen Federbetten, damit die Körperwärme nicht entweichen konnte, nun blieb er oft stundenlang liegen, bis es zum Schweißausbruch kam. Sobald der Patient tüchtig schwitzte, wurden die Fenster geöffnet und er bekam kaltes Wasser zu trinken, ein anschließendes kaltes Bad beendete die Schwitzkur. Am Ende seines Wirkens wurde Prießnitz vorsichtiger und gab die sehr den Kreislauf belastende Prozedur auf.

Prießnitz war Zeit seines Lebens auf Einfachheit bedacht. Luxuriöse Zimmer konnte und wollte er nicht bieten, obwohl er sehr reiche Patienten hatte. Zur Ausstattung der Kammern gehörten Bettstellen mit Stroh, eine Kommode, ein Tisch mit Stühlen, Spiegel, Stiefelknecht, Leuchter, eine große Wasserschale und eine Wasserflasche mit Glas.

Allein in Deutschland entstanden bis zum Jahre 1850 mehr als 20 Anstalten nach dem Vorbild in Gräfenberg. Ähnliche Einrichtungen gab es in England, Frankreich, Italien, der Schweiz, den Niederlanden und Russland. Neue Heilverfahren, vor allem medikamentöse Behandlungen in Folge der chemischen Industrie liefen der Wasserkur Ende des 19. Jahrhunderts den Rang ab. Und dann war es wieder ein Laie, der dem Wasserheilverfahren erneut zum Durchbruch verhalf. Diesmal ein Pfarrer.

Barfuß durch die nassen Wiesen
Sebastian Kneipp (1821 - 1897)

Kneipp[83] wuchs als Sohn armer Eltern im oberschwäbischen Stephansried auf. Nachdem sein Elternhaus abgebrannt und somit seine Ersparnisse in der Höhe von 70 Gulden verlorengegangen waren, verließ er mit achtzehn Jahren den Heimatort und fand eine Anstellung als Knecht in Grönenbach. Ein entfernter Verwandter, Kaplan Matthias Merkle nahm sich Kneipps an, unterrichtete ihn in Latein und bereitete ihn so auf sein späteres Theologiestudium in Dillingen und München vor. In Grönenbach lernte Kneipp auch den evangelisch-reformierten Ortspfarrer und Botaniker Christoph Ludwig Köberlin kennen, der ihn mit der Pflanzenheilkunde vertraut machte.

Als den jungen Kneipp im Jahre 1846 ein Lungenleiden befiel, beschäftigte er sich mit der Schrift *»Unterricht von der Heilkraft des frischen Wassers«* von Johann Sigmund Hahn junior und versuchte sich daraufhin selbst zu kurieren. Es sei dahingestellt, ob wirklich die kurzen eiskalten Donaubäder zur Heilung führten. Kneipp jedenfalls war überzeugt davon und gab fortan seinen Amtsbrüdern manch nützlichen Ratschlag.

1855 kam Kneipp als Beichtvater ins Kloster der Dominikanerinnen in Wörishofen. Die dortige Waschküche wurde für viele Jahre zum Badehaus. Von hier breitete sich sein Ruf als Wasserdoktor aus. Im Jahre 1881 schuf er dann eine Wasserheilanstalt, der erste Impuls für den späteren Aufschwung des Städtchens zum bekannten Kurort.

Im Gegensatz zu Prießnitz konnte Kneipp für die Entwicklung seiner Methoden auf jahrzehntelange Erfahrungen und eine umfangreiche Literatur zurückgreifen. Als im Jahre 1886 sein Buch »Meine Wasserkur« erschien, wurde Kneipp auf einen Schlag populärer als Prießnitz je gewesen war, - schon 8 Jahre später war die 50. Auflage vergriffen.

Bei den Wasseranwendungen war Kneipp vorsichtiger und vielseitiger als Prießnitz. Doch empfahl er wie dieser Abhärtung, Einfachheit und Mäßigung. Eine besondere Rolle spielten bei seiner Kur die kalten Güsse, deren positive Wirkung auf Kreislauf, Stoffwechsel und Nervensystem bis heute unumstritten ist. Kneipps Methode zeichnet die Vielzahl unterschiedlichster Güsse aus, mit denen er versuchte auf einzelne erkrankte Glieder einzuwirken. Ebenso gezielt wie Prießnitz setzte er Bäder, Waschungen, Umschläge, Wickel und die Trinkkur ein. Neu war, dass er sich zum einen gegen lange Behandlungen aussprach und sich zum anderen nicht allein auf kaltes Wasser beschränkte. Bekannt sind heute noch Wassertreten und Barfußgehen auf der nassen Wiese. In seiner Schrift »Meine Wasserkur« spricht er sich nachdrücklich gegen jede Übertreibung bei den Anwendungen aus. *»Gar nichts nämlich bringt das Wasser als Heilmittel so sehr in Verruf und Misskredit als indiskretes, maß- und vernunftloses Anwenden, scharfes, strenges, schroffes Verfahren. Diejenigen, ja allein*

Pfarrer Kneipp und Vincenz Prießnitz

diejenigen, ich kann es nicht oft genug wiederholen, welche sich als Sachverständige im Wasserheilverfahren aufspielen, aber mit ihrem endlosen Wickeln, ihren fast das Blut austreibenden Dämpfen u. A. jeden Patienten abschrecken, richten den größten Schaden an, der nur überaus schwer wieder gut zu machen ist. Ich heiße das nicht das Wasser zu Heilzwecken gebrauchen, ich heiße solche Gewalttaten - man verzeihe den Ausdruck - dem Wasser Schande antun!«[84]

Nach Kneipps Tod im Jahre 1897 zählte man in Mitteleuropa mehr als 100 größere Wasserheilanstalten, dazu eine Vielzahl kleinerer Einrichtungen. Sie alle aber standen unter ärztlicher Aufsicht und man legte großen Wert auf eine die Kur unterstützende Lebensweise. Franz Carl Müller gab 1890 in seiner »Hydrotherapie« exakt an, wie eine Wasserheilanstalt eingerichtet sein sollte. So wurde eine mittlere Höhenlage empfohlen. Wichtig sei zudem Ruhe und eine bewaldete Umgebung, um ausgiebige Spaziergänge machen zu können. Zur Kur sollten unbedingt die verschiedensten Bäder vom Moor- bis zum Solebad gehören. Und natürlich Bewegung, Bewegung, gymnastische Übung jeder Art.

Wasseranwendungen bei Sebastian Kneipp: Knieguss, Oberguss und Ganz- oder Vollguss. Kneipp legte Wert darauf, dass der Patient nicht fröstelte, zunächst musste die richtige Naturwärme hergestellt sein, entweder durch Bewegung oder durch künstliche Nachhilfe, etwa den Fuß- oder Kopfdampf. Bei Kränklichen und Schwächlichen sollte das Wasser etwas »temperiert« (»abgeschreckt«) werden und wenigstens die Temperatur haben, die das Wasser in Badeanstalten zur Sommerszeit hat.

Die richtige Idee zur richtigen Zeit
Friedrich Eduard Bilz (1842 - 1922)

Diskussionen um die gesundheitlichen Folgen der Industrialisierung und Urbanisierung führten im letzten Drittel des 19. Jahrhunderts zu einer zunehmenden Resonanz naturheilkundlicher Bestrebungen, die in zahlreichen Vereinsgründungen ihren Niederschlag fand, insbesondere in Sachsen.[85] Einer der begeistertsten und ideenreichsten Impulse für die erstarkende Naturheilbewegung ging von dem charismatischen wie rührigen Lebensreformer Friedrich Eduard Bilz aus.

Bilz wurde am 12. Juni 1842 als siebtes Kind eines Gemüsebauern in Arnsdorf in der Nähe von Dresden geboren. Nach der Dorfschule arbeitete er zunächst auf dem elterlichen Hof bis der kranke Vater ihn mit 14 in die Weberlehre schickte. 14 Stunden verbrachte er täglich in geschlossenen Räumen, dazu den halben Sonntag, oft bei künstlichem Licht. Diese Erfahrungen prägten sein Leben: Der junge Bilz wurde lungenkrank, bekam Magenkrämpfe und interessierte sich fortan für Heilmittel. Nach einer Zeit auf der Walz fand er 1860 in Meerane Arbeit als Webergeselle. Sein Leben änderte sich von Grund auf als ihm und der Tochter des Webermeisters Johann August Kreil im April 1868 die erste Tochter geboren wurde. Zwei Monate später heiratete das Paar. Nachdem der Schwiegervater der jungen Familie den Kauf eines eigenen Hauses ermöglicht hatte, gab Bilz die Weberei auf und eröffnete 1872 einen Kolonialwarenladen. Hier erwirtschaftete er mit kaufmännischem Geschick ein sicheres Einkommen für seine rasch wachsende Familie. Im gleichen Jahr 1872 gab es eine Pockenepidemie. Meeranesische Bürger, die die angeordneten Impfungen nicht als ausreichende Gesundheitsfürsorge ansahen, gründeten den *Verein für Gesundheitspflege und Naturheilkunde*, in dem auch

Bilz Mitglied wurde. Da seine Frau mithalf und der Laden von Anfang an florierte, konnte er sich nun immer öfter in seine Studierstube zurückziehen. Bergeweise sammelte er Schriften und Notizen und versuchte die Heilsysteme der alten Schule und die der neuen zu verstehen. Er beriet sich mit anderen Naturheilkundigen und probierte viel an sich selbst aus, vor allem etliche der Kneippschen Wasseranwendungen. Daneben beschäftigten ihn gesellschaftliche Fragen: »Wie hat die heutige Menschheit sich einzurichten, wenn sie Siechthum, Krankheit, Armuth und sonstiges Elend meiden und den Vollgenuß der irdischen Glückseligkeit dauernd erringen will?«[86] 1882 erschien als Beitrag zum sozialen Problem seine erste Schrift »Der Schlüssel zur vollen menschlichen Glückseligkeit oder Umkehr zum Naturgesetz«. Schon ein Jahr darauf folgte die Neuauflage erweitert um ein naturheilkundliches Kapitel.

Der Chemnitzer Industrielle und Mäzen der Naturheilkunde Johann von Zimmermann regte Bilz an, den naturheilkundlichen Anhang zu überarbeiten und als eigenständiges Lexikon herauszugeben. So erschien 1888 jenes Werk, das zum ersten Standardwerk volkstümlicher Naturheilkunde in Europa werden sollte: »Bilz, das neue Heilverfahren, ein Nachschlagebuch für Jedermann in gesunden und kranken Tagen« - im Volksmund kurz »Bilz-Buch« genannt.

Das Buch war so dick wie die Bibel und zunächst für 75 Pfennige zu haben. Aus dem Nichts entwickelte es sich zum Millionenbestseller. Bis 1938 wurde es circa 3,5 Millionen mal verkauft und in 12 Sprachen übersetzt, darunter Französisch Englisch und Russisch. Bilz' Erfolgsrezept: Medizinwissen einfach und anschaulich erklärt und Handlungsempfehlungen, die der Leser leicht bei sich zu Hause umsetzen konnte. Die nach wiederholter Überarbeitung auf 1918 Seiten angewachsene Ausgabe von 1902 reicht alphabetisch von Abführmittel über

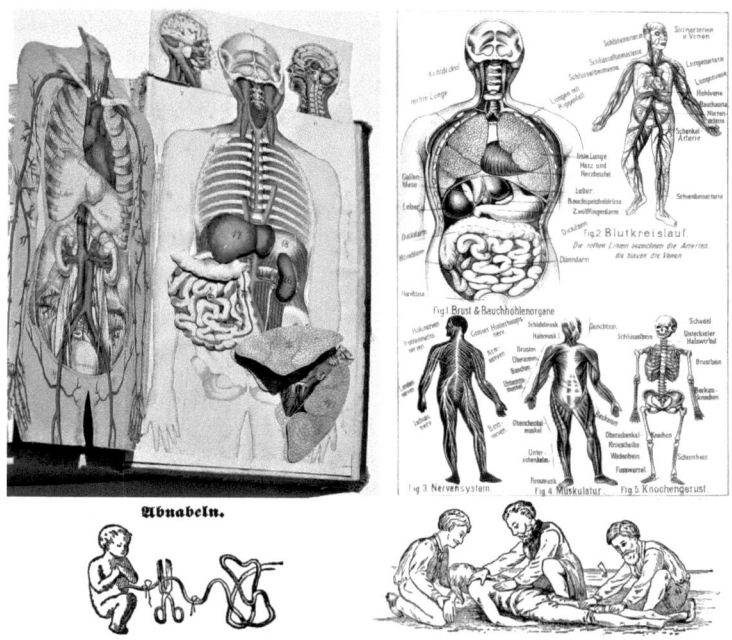

Klarheit, Genauigkeit und Anschaulichkeit, das Bilz-Buch von 1895.

Furunkel, Hühnerauge und Nierenentzündung bis zu Zwölf-fingerdarmkrebs. Stets beschrieb Bilz die Krankheit, nannte Ursachen und natürliche Heilungsmöglichkeiten und brachte Fallbeispiele. Daneben gab er allgemeine Ratschläge etwa zu Ernährung, Erster Hilfe, Wundversorgung oder Bädern. Bilz` Nachschlagewerk verbreitete sich über Naturheiler und Buchhandlungen, aber auch über Agenten, die durchs Land zogen und die Bücher an der Haustür verkauften. Damit jeder sich das Werk leisten konnte, boten sie sogar Ratenzahlungen an. 1900 war schon die 100. Auflage gedruckt.

Durch den reißenden Absatz des Bilz-Buchs stellte sich bei der Familie finanzieller Wohlstand ein. Der 50-jährige Friedrich Eduard Bilz hatte nun Zeit und Muße, einen weiteren Traum zu verwirklichen: eine kleine Naturheilanstalt. 1890 erwarb er im Villenort Oberlößnitz bei Dresden das Anwesen des Wiener Privatiers Richard Strubell und eröffnete 1892 in der klassizistischen Villa ein kleines Sanatorium für 15 Patienten. Die Lage war ideal. Am Hang durch zwei Berge gegen Nord- und Ostwinde geschützt und doch auf freier, luftiger Höhe. Zudem sprudelte eigenes Quellwasser.

Die geschickte Werbung bescherte dem Sanatorium eine stetig wachsende Patientenschar. 1895 war das große Kurhaus I fertig, denn der Andrang wurde immer größer und der Bilzbuchabsatz ließ die nötigen Mittel fließen. Bald war auch das zu klein, und ein langer Seitenflügel (Kurhaus II) wurde angebaut. Aber nun fehlten wieder moderne Bade- und Gesellschaftsräume, so entstand auch bald noch das Badehaus (Kurhaus III). Nun erst setzte der richtige Aufstieg ein, in Scharen kamen die Kranken aus dem In- und Ausland.

Der Behandlung dienten Wasseranwendungen jeglicher Art: Vollbäder, Sauerstoff-, Kohlensäure-, Fichtennadel-, Halb-, Rumpf-, Sitz- und Teilbäder. Hinzu kamen Heißluft- und Dampfbäder, Sonnen- und Luftbäder sowie das Schlafen in Lufthütten. Bilz selbst war ein Frischluft-Enthusiast und schreibt in hohem Alter: *»Seit 25 Jahren schlafe ich auf einem überdachten, aber vorn ganz offenen Balkon, und zwar Sommer wie Winter im Adamskostüm, auch noch bei 20° C Kälte und darüber. Daß mir das Schneewetter im Winter den Schnee auch auf mein Bett treibt, kommt öfters vor. Derselbe taut jedoch nicht auf, so daß ich ihn morgens von der Decke schütteln kann. Damit es mir nicht ins Gesicht schneit oder regnet kehre* *ich das Gesicht der Wand zu. Vor dieser Zeit schlief ich direkt hinter dem ganz offenstehenden Fenster. Im Sommer bedeckte ich mich mit einer leichten Steppdecke, im Winter mit einer wollenen Decke, bei strenger Kälte mit zweien. Federbetten als Zudecke, Unterbett und Federkopfkissen kenne ich nicht. Im Winter ziehe ich meine Wolldecke kurze Zeit über den Kopf und bin schon in einer Minute schön warm.«* [87]

Zum täglichen Wohlfühlprogramm gehörten außerdem die morgendlichen Ganzabreibungen mit der Wurzelbürste, die halbe Stunde Barfußlaufen im Anstaltspark und die heilgymnastischen Übungen an den Schweberingen sowie später am Tag die Fußtour von mindestens einer Stunde. Unterhemd, Unterhose und Strümpfe trug Bilz nie. Auch nicht im Winter. Er war überzeugt, am besten erwärme man seinen Körper, wenn man ihn statt der festanliegenden Kleidung nur locker umhülle, sowohl am Tag wie in der Nacht. Zwischen Körper und Umhüllung müsse sich eine Luftschicht bilden können. Sein Credo: Der Mensch ist ein Naturgeschöpf! »Darum setze deinen nackten Körper, wo du nur kannst, dem Lichte, der Luft und der Sonne aus«, schließlich sei der Mensch ohne Kleidung geboren, und man dürfe nicht vergessen, dass die Natur nur Vollkommenes schafft.

Dem Prospekt sind die zahlreichen Leiden zu entnehmen, die im Bilz-Sanatorium von zwei angestellten Ärzten und einer Ärztin behandelt wurden: Neuralgien, Neurasthenie, Hysterie, Hypochondrie, Migräne, Schlaflosigkeit, nervöse Schwächezustände, Gehirn- und Rückenmarkserkrankungen, Lähmungen aufgrund von Schlaganfällen, Krankheiten der Luftwege, der Verdauungsorgane, des Stoffwechsels, des Herzens, der Niere und Blase, spezielle Entwicklungs- und Frauenkrankheiten, Harn-, Haut- und Geschlechtskrankheiten bis hin zu Feldzugsleiden.

Friedrich Eduard Bilz und die stolze Postkartenansicht des Sanatoriums um 1900.

Wie alle großen Heilkundigen folgte Bilz der alten hippokratischen Maxime: Medicus curat, natura sanat. *»Nicht wir heilen, sondern die Natur heilt, und diese können wir nur durch natürliche Mittel unterstützen. In diesem Bewußtsein, daß nur die Natur heilt, können wir viel ruhiger an das Krankenbett herantreten, da die Natur stets die richtigen Wege zur Heilung der Krankheit einschlägt. Millionen schlimme Wendungen von Krankheitsfällen wären umgangen worden, wenn man nicht die Natur in ihren Heilvorgängen durch falsche Mittel (schädliche Arzneien) gestört hätte: und Millionen schwere Krankheiten wären gründlich geheilt worden, wenn man gleich im Anfange die richtigen naturgemäßen Mittel angewandt hätte.«*[88]
Besonders am Herzen lag Bilz ein gesundes Denken: *»Auch auf unser Gedankenleben sollte mehr Wert gelegt werden, was viel*

110

zu wenig von der Menschheit beachtet wird. Unser Schicksal wurzelt zum großen Teil im Gedankenleben und den daraus entspringenden Gewohnheiten. Da die Wirkungen den Ursachen entsprechen müssen, so werden auch die Folgen unserer Gedanken ähnlich sein wie diese selbst: d.h. gute Gedanken werden Gutes wirken, böse Gedanken Böses. Die Traurigkeit ist ansteckend, die Freude und Begeisterung auch. Wer in der Gesellschaft froher Menschen ist, wird in der Regel selbst fröhlich, auch wenn er es zuvor nicht war. Wenn Sie dagegen immer an Ihre Krankheit denken, wird die beste Kur wenig wirken. Sie hindern sich dadurch selbst, gesund zu werden. Wenn sie aber alle Gedanken an ihre Leiden fortbannen und den festen Entschluß fassen, gesund zu werden, so wird der Erfolg bei gleichzeitiger naturgemäßer Heilweise nicht ausbleiben. Kraftvolle Gedanken stärken die Kraft. Sie bauen Kraft von innen auf und ziehen Kraft von außen an. Dagegen bringen schwache Gedanken immer Gefahr. Mut, Hoffnung, Glauben, Arbeitsfreudigkeit und Vertrauen führen zum Erfolg! Furcht, Zweifel, Mißtrauen zum Mißerfolg! Darum sollte sich jeder ins Herz prägen, daß Gedanken gewaltige Kräfte sind, durch welche wir unser Erdenlos selbst bestimmen können.«[89]

Der Erste Weltkrieg und die Inflation ließen die Blütezeit des Sanatoriums zu Ende gehen. Am 30. Januar 1922, kurz vor seinem 80. Geburtstag starb Bilz, einer der größten und geschäftstüchtigsten Wegbereiter der modernen Naturheilkunde. Er wurde direkt neben seinem langjährigen Freund Karl Mai begraben. Nach Bilz' Tod wurde das Sanatorium von seinem ältesten Sohn Arthur Ewald weitergeführt, bis auch dieser 1941 verstarb. Danach beschlagnahmte die Wehrmacht die Heilanstalt als Lazarett.

Kräuterpfarrer Johann Künzle (1857 - 1945)

Die Schweiz brachte nicht nur den großen Heilkundigen
Paracelsus hervor, sondern war auch die Heimat eines der
berühmtesten Kräuterkundigen des 20. Jahrhunderts: Johann
Künzle. Er war sogar der Grund einer Volksinitiative im Kanton
Graubünden, die sich dafür einsetzte, dass er als Laienmedizi-
ner die Amtsbefugnis zum Behandeln von Patienten erhielt.
Johann Künzle wurde am 3. September 1857 in Hinterespen bei
St. Gallen als jüngstes von 12 Geschwistern geboren, von denen
sieben früh starben. Die streng katholische Familie besaß einen
Bauernhof, den die Mutter mit den Kindern bewirtschaftete.
Der Vater, ein gelernter Gärtner, arbeitete in einer Handels-
gärtnerei in der Stadt für einen Tagelohn von zwei Franken. Die

Lebensweise der Künzles war einfach. Gewöhnlich standen sie um 5 Uhr auf. Wer in die Stube eintrat, nahm das Weihwasser und grüßte »Gelobt sei Jesus Christus!« Vor und nach dem Essen wurde gebetet.[90]

Schon als kleiner Junge erwachte in Johann die Liebe zur Natur. Im Bauernbetrieb lernte er das Pflegen und Betreuen der Tiere wie die regelmäßigen Abläufe der Feld- und Gartenarbeit. Vom Vater wurde er auf Spaziergängen angehalten, die Pflanzen genau zu beobachten und sich deren Namen zu merken. So erfuhr er, dass man das Wissen um die Kräfte der Natur ganz natürlich in den Alltag einfließen lassen konnte.

Als der Vater starb, war Johann gerade elf Jahre alt. Der Hof wurde verkauft und sein ältester Bruder August übernahm die Vaterrolle. Als junger Lehrer in erster Anstellung nahm er die Mutter und Johann bei sich auf.

Es war Johanns eigener Wunsch, Priester zu werden, denn nur so stand ihm der Weg zu höherer Bildung offen. Er besuchte das Knabenseminar St. Georgen bei St. Gallen, danach das Kollegium der Benediktiner in Einsiedeln. In Pater Ludwig Staub fand er den Botanik-Professor, der seine Anlagen erkannte und ihn in seiner innersten Berufung zum Kräuterheilkundler unterstützte. Das anschließende Studium der Theologie und Philosophie erfolgte in Belgien.

Das Leben des jungen Pfarrers glich einer Wanderschaft. Ein Pfarramt folgte dem nächsten: St. Gallen, Gommiswald, Mels, Kirchberg, Libingen, Amden, Buchs. Indes fand seine unkomplizierte Art schnell den Weg in die Herzen der Menschen. Das Amt des Seelenhirten beinhaltete auch die Pflege der Kranken, was zur Erkenntnis einer ganzheitlichen Sichtweise führte. »Glaube an die Heilkraft der Natur« hieß sein Leitsatz. Künzles umfassendes Kräuterwissen rettete, wenn kein Arzt zugegen war, manchem seiner Pfarrkinder das Leben.

Ab 1907 übernahm Künzle für zwei Jahre das Pfarramt in Herisau. Dort erwarb er auf einer Zwangsversteigerung das Medizinalkräuterbuch des berühmten deutschen Medizinprofessors und Bock-Schülers Jakob Theodor Tabernaemontanus. Das umfangreiche Werk aus dem 16. Jahrhundert beschrieb die Pflanzen aus botanischer wie auch aus medizinischer Sicht, mit Hinweis auf deren Verwendung bis zurück ins Altertum. Seine Studien ergänzte Künzle durch Erkenntnisse aus dem Werk der Hildegard von Bingen. Immer auf der Suche nach der Heilwirkung einer Pflanze, verfeinerte er sein Wissen und setzte dieses wo immer nötig in die Praxis um. Unterdessen nahm der Strom hilfesuchender Menschen stetig zu.

Von 1909 bis 1920 betreute Johann Künzle die Pfarrei Wangs. Hier gründete er 1913 einen Kräutermarkt nachdem er 1911 praktisch und volksnah sein Handbuch *»Chrut und Uchrut«* herausgegeben hatte. Er wollte die Menschen ermutigen, selbst etwas Kräuterkunde zu erlernen. Und zwar in einem verständlich geschriebenen Büchlein, das für jeden erschwinglich war. Im Vorwort der Erstausgabe schrieb er im Oktober 1911: *»Wenn man mir zuruft: Schuster bleib beim Leist, die Kräuterkunde sei Aerztesache und gehe den Pfarrer nichts an, so kann ich erwidern, [...] im Mittelalter war jeder Pfarrer etwas Mediziner; jedes Kloster hatte einen Mönch, der sich mit der Kräutermedizin befassen musste; ja sogar Bischöfe scheuten sich nicht, Kräuterbücher herauszugeben, wie der berühmte Eberhart, Bischof von Speyer, Bischof Milo, Couerdalius; auch der heilige Kirchenlehrer Johannes Damascenus wird als Kräuter-Autorität von den Alten zitiert. Die Kräuterkenntnis, die noch im Volke existiert, aber immer mehr abnimmt, rührt fast ausschließlich von den alten Geistlichen und den Mönchen des Mittelalters her. Somit arbeite ich nicht auf gestohlenem*

Grunde, sondern auf einem alten Erbteil.

Eine grosse Menge Aerzte verweisen zudem die Leute immer auf Hausmittel; ist's nicht gut, wenn ich da den Leuten den Gebrauch dieser Hausmittel neuerdings zeige? Der Arztberuf leidet darunter nicht, denn in das ganze grosse Gebiet der Chirurgie und der Serumbehandlung greife ich nicht ein. Ueberdies haben manche Ortschaften 2-3 Stunden und noch mehr zum Arzte, und im Wintersturm ist's oft fast unmöglich, den Doktor herbeizuholen; in manchen Fällen, wie Kolik, Blutvergiftung usw., ist das Uebel bis zum Eintreffen des Arztes unheilbar geworden; etwas Kräuterkenntnis kann da manchem das Leben retten. Weit entfernt also, Konkurrent der Aerzte zu sein oder gar Gegner, bin ich deren Ministrant.

Die Kräuterkunde ist viel älter als die heutige chemische Medizin; sie geht bis hinunter zur Wiege der Menschheit; schon König Salomo verfasste ein Kräuterbuch, worin er über alle Pflanzen schrieb vom Mauerpfeffer bis zur Ceder des Libanon. Die alten Griechen und Römer, Dioskorides, H[i]ppokrates, der alte Plinius, Barro, Musa, der Araber Averrhoes, Zoar usw. hatten wunderbare Erfolge mittels der Kräuter.

Die [H]eilige Schrift sagt: »Gott hat die Gewächse heilsam gemacht.« der Prophet Isaias erhielt von Gott den Auftrag, dem kranken Könige Ezechias ein Feigenpflaster aufzulegen und Ezechias genas. Wo natürliche Mittel zur Stelle sind, wirkt Gott kein Wunder. Selbst den Tieren hat der Schöpfer einen Instinkt gegeben, der sie bei Krankheiten zu gewissen Pflanzen hintreibt. Hund und Katz nehmen Zuflucht zum Schliessgras oder Kneuelgras, die Mäuse legen sich einen Vorrat an von Pfeffermünzwurzeln, die roten Ameisen pflanzen überall auf ihren Wohnungen den Thymian, verwundete Gemsen wälzen sich auf Alpenwegerich usw. Soll der Mensch allein ganz unbehilflich dastehen und zuerst 10 Jahre studieren müssen, bis er sich

Links: Erstausgabe des Kräuterbüchleins »Chrut und Uchrut«. Seit 1911 wurden rund 2 Millionen Exemplare in deutscher, rätoromanischer, französischer, italienischer und englischer Sprache verkauft. Rechts: Nach seinem Tod wurde Künzle nicht bloß zur Legende, sondern auch zum Markenartikel, Anzeige für »Pfarrer Künzles Virgo Complet Gesundheits-Kaffee-Ersatz«, 1945.

helfen kann? Unser Büchlein zeigt, dass der liebe Gott dem Menschen die besten Heilkräuter in den Weg gelegt hat, vor die Hausflur, in den Garten als unvertilgbares Unkraut, in die nahe Wiese, in Berg, Riet und Wald. Die alten »rückständigen« Pflanzenbücher gaben bei jeder Pflanze stets deren Anwendung an. Die moderne Botanik dagegen, die an allen Schulen Trumpf ist, weiss nichts als eine Menge Abteilungen. Einteilungen, schwer verständliche Namen, beschreibt alles bis in's Einzelne, bringt sogar die chemische Zusammensetzung, vergisst aber total den Zweck der Pflanze und deren Anwendung, so dass eine jede Gais die Kräuterkunde besser in die Praxis übersetzt als die heutige Botanik, die nach dem Text geht: Geh ans Brünneli, trink aber nit.«[91]

Dass Künzles Kräuterschulung Früchte trug, zeigte sich 1918, als weltweit eine fürchterliche Grippeepidemie grassierte, die allein in der Schweiz 25 000 Opfer forderte. Künzle hielt einen speziellen Tee bereit, der in seinem Kräuterdepot gratis abgeholt werden konnte. Die Dorfbevölkerung machte vom Angebot regen Gebrauch. Erstaunlicherweise starb in Wangs niemand an der »spanischen Grippe«. Dieser Heilerfolg des beliebten Pfarrers erregte großes Aufsehen. Immer mehr Leute wandten sich an den Kräuterkundigen und erflehten von ihm Rat und Hilfe.

Der Zustrom von Leidenden, die wachsende Korrespondenz, vor allem aber, dass ihn der Dorfarzt angeschwärzt hatte und die Obrigkeiten ihm anrieten, das «Doktern» aufzugeben, machte ihm sein Amt als Seelenhirte zunehmend schwerer. »I chan unmögli zwei Herrä auf zmol dienä«, sagte er, als er im Herbst 1920 die Seelsorge in Wangs aufgab.

Auf Einladung des ihm wohlgesonnen Bischofs von Chur, entschloss sich Künzle ins Bündnerland umzuziehen. Zusammen mit seiner Nichte, Christine Künzle, seiner langjährigen Haushälterin und Sekretärin, machte er sich auf dem Pferdekarren auf den Weg. In der neuen Heimat Zizers wandte er sich ganz der Naturheilkunde zu. Der Zulauf an Hilfesuchenden war weiterhin enorm. Doch auch hier bewegte er sich mit dem »Doktern« auf illegalem Terrain. Wieder zeigte man den Pfarrer an. Der Unmut in der Bevölkerung gegen diese Machenschaften war groß. Groß war auch das Engagement der Bevölkerung, sich mit eigenem Willen bei der Arztwahl durchzusetzen. Nach einer Unterschriftensammlung kam es zur berühmten Abstimmung über die Heilkräuterinitiative im Kanton Graubünden. Das Volk entschied sich klar für deren Zulassung. Doch bevor

117

es ans Praktizieren ging, musste der inzwischen 65-Jährige zu einer Prüfung beim Sanitätsdepartement in Chur antreten. Die Examinatoren staunten nicht schlecht, als der Prüfling sich erkundigte, ob er die gestellten Fragen in Latein oder Griechisch beantworten solle. Nach dieser Hürde konnte sich Pfarrer Künzle endlich voll und ganz seinen Patienten und seinen Kräutermitteln widmen. Seine gesammelten Erfahrungen verarbeitete er in «Das grosse Kräuterheilbuch», das 1944 kurz vor seinem Tode erschien. In der Nacht vom 8. auf den 9. Januar 1945 verstarb Pfarrer Künzle mit 87 Jahren in seinem der Sonne geweihten Heim »Helios« in Zizers. Am Abend vorher war er noch in seine Hauskapelle gegangen, um dem Herrgott gute Nacht zu sagen.

In Wangs, am Fuße des Pizols, wollte Pfarrer Künzle begraben sein. Sein Grabmal gestaltete der Schweizer Bildhauer Fiorenzo Abbondio. Rechts: Das Kräuterdepot in Wangs. Drei Angestellte bedienten die Kunden mit heimischen Kräutern und besorgten den Versand in alle Welt.

Ein Heilkonzept der Einfachheit
Edward Bach (1886 - 1936)

Edward Bach wurde am 24. September 1886 in Moseley, War-wickshire, drei Meilen außerhalb von Birmingham als ältestes von drei Geschwistern geboren. Er war ein äußerst zartes und empfindsames Kind, dabei voller Vitalität und Abenteuerlust und mit einem außerordentlichen Willen ausgestattet. Schon als Schüler träumte er oftmals vor sich hin, malte sich einfache, unkomplizierte Behandlungsarten für Kranke aus, dass Heil-kräfte von seinen Händen ausströmten und dass alle, die er berührte, wieder gesund würden. Sein ausgeprägtes Gefühl für leidende Menschen und Tiere und eine tiefe Liebe zur Natur sollten ihn später befähigten, eine »Medizin der Zukunft« zu entwickeln, wie er sie immer erträumt hatte.

Mit sechzehn Jahren verließ Edward die Schule und arbeitete zunächst drei Jahre in der Erzgießerei des Vaters, bevor er sich im Alter von zwanzig Jahren an der Universität Birmingham immatrikulierte. Es folgte das Studium in der Universitätsklinik London, das Examen in Cambridge und noch eine Reihe von Zusatzprüfungen bis er 1914 die Approbation als Arzt erhielt. Anlässlich der Überreichung seiner medizinischen Zeugnisse soll er gesagt haben: »Ich werde Jahre brauchen, bis ich alles wieder vergessen habe, was ihr mir beigebracht habt.« Bereits als junger Chirurg auf der Unfallstation des University College Hospitals, spürte Bach, dass theoretisches Wissen allein noch keinen guten Arzt ausmacht und die erworbenen Kenntnisse bei weitem nicht ausreichten, um kranken Menschen zu helfen, die offenkundig völlig verschieden auf ihre körperlichen Gebrechen reagierten. Schon damals erkannte er, dass *die Persönlichkeit des einzelnen Menschen für den Erfolg einer Behandlung von noch größerer Bedeutung ist als dessen rein körperliche Symptomatik.*«[92]

Als 1914 der Erste Weltkrieg ausbrach wurde Bach aufgrund seiner labilen Gesundheit vom Wehrdienst befreit. Neben seiner Forschungsarbeit über Autovaccine, individuell aus Darmbakterien gewonnene Impfstoffe, am bakteriologischen Institut der Universitätsklinik oblag ihm noch die Betreuung von mehr als vierhundert Betten, in denen Kriegsverletzte behandelt wurden. Er arbeitete unaufhörlich und gönnte sich keine Ruhe bis es 1917 zum körperlichen Zusammenbruch kam. Er erlitt einen Blutsturz und fiel in ein tiefes Koma. Zwar überlebte er die Notoperation, aber man bereitete ihn darauf vor, dass er aufgrund der Krebsdiagnose maximal noch drei Monate zu leben habe. Die nächsten Tage und Wochen brachten ihn körperlich und geistig an die Grenze des Erträglichen, aber er war fest entschlossen, die wenige Zeit, die ihm noch verbleiben sollte, so sinnvoll wie möglich zu nutzen. Er vertiefte sich so sehr in seine Experimente, dass er jeglichen Zeitbegriff verlor, so dass der Lichtschein, der rund um die Uhr aus seinem Laborfenster drang, vom Klinikpersonal »das Licht, das nie erlischt« genannt wurde. Während Wochen und Monate vergingen, dachte Bach immer weniger an seinen gesundheitlichen Zustand und bemerkte nach drei Monaten, dass er körperlich stabiler war als seit vielen Jahren. Diese verblüffende Tatsache veranlasste ihn, über die Ursache seiner wunderbaren Genesung nachzudenken und er gelangte zu dem Schluss, dass ein alldurchdringendes Interesse, die absolute Hingabe und Liebe für eine Sache sowie ein unumstößlicher Lebensentschluss für das Glück des Menschen auf dieser Erde der entscheidende Faktor ist. In seinem späteren Lebenswerk sollte diese Erkenntnis ihren fruchtbaren Niederschlag finden.

Bach-Nosoden

Die Autoimmune Forschung hatte großen Auftrieb in dieser Zeit und Bach hatte das Gefühl jener sanfteren Therapie, nach der er schon so lange suchte, damit näherzukommen. Zugleich wurden kleinliche Reglementierungen in der Universitätsklinik immer stärker. Als im März 1919 im Homöopathischen Krankenhaus die Stelle des Pathologen und Bakteriologen frei wurde, zögerte er keinen Moment, diese anzunehmen. In den Lehren Hahnemanns traf er auf ein Prinzip, das perfekt zu seinen eigenen Ideen passte. Er adaptierte seine Impfstoffe, um eine Serie von sieben homöopathischen Nosoden[93] herzustellen. Diese Arbeit und ihre anschließende Publikation brachten ihm in homöopathischen Kreisen einen gewissen Ruf ein. Die Leute begannen ihn als den »zweiten Hahnemann« zu bezeichnen.
Parallel zu den Potenzierungen von Mikroorganismen befasste sich Bach mit der genauen Beschreibung der Gemütszustände

der Kranken und ordnete sie den entsprechenden Bakterien-
gruppen zu. Dabei stellte er fest, dass jede dieser Bakterien-
gruppen auf einen klar umrissenen Persönlichkeitstypus wirkte.
Im weiteren Forschungsverlauf gelang es ihm schon bald mit
einer hohen Trefferquote, von Typus und Symptomen des Patienten auf dessen vorherrschende Art von Darmbakterien zu
schließen. Diese Form der Diagnostik erschien Bach ideal. Sie
ersparte dem Kranken aufwändige Abklärungsverfahren, die ihn
letztlich nur noch weiter schwächten und ermüdeten. Zudem
konnten die Gaben oral verabreicht werden, Injektionsnadeln
hatte er noch nie gemocht.

Die Sonnen-Methode

Bislang hatte Bach mit Bakterien, also mit Krankheitsprodukten
gearbeitet, aber er wollte reinere Mittel finden, Mittel einer
höheren Ordnung. So begann er Pflanzen, insbesondere Blüten,
den am höchsten entwickelten Teil einer Pflanze, zu sammeln,
durch welche er die sieben bakteriellen Nosoden zu ersetzen
hoffte. Seine jüngsten Forschungserkenntnisse hatten ihn in
der Vorstellung bestärkt, die Grundursachen der verschiedenen
Krankheiten seien in den negativen Stimmungen und seelischen
Befindlichkeiten der verschiedenen Menschentypen zu suchen.
Die benötigten Substanzen mussten also solche negativen See-
lenzustände positiv beeinflussen und so die Heilung bewirken.
Von daher richtete Bach seine ganze Aufmerksamkeit auf solche
Stimmungen wie Furcht, Panik oder Mangel an Selbstvertrauen,
unter denen Menschen aller Typen und aller Altersstufen leiden
können.
Anfang 1930 war er von der Richtung seiner Arbeit so über-
zeugt, dass er seine inzwischen lukrative eigene Praxis in der
Harley Street aufgab und London verließ. Er war fest ent-

schlossen, den Rest seines Lebens dem neuen System der Medizin zu widmen, von dem er sicher war, dass es in der Natur zu finden sei.

Um seine Theorie der Persönlichkeitstypen zu vervollkommnen mietete er sich in einem Dorf in Wales ein, durchstreifte die Gegend in alle Richtungen und wusste nur eines: Die Pflanzen, nach denen er suchte, würden ausschließlich wohltuende Wirkstoffe enthalten, keinerlei unangenehme Reaktionen hervorrufen und beides Körper und Seele heilen. Er erforschte die Flora im Umkreis von vielen Meilen. Und während diesen Wanderungen entdeckte er Blumen, von denen er instinktiv wusste, dass sie genau die Heilsubstanzen enthielten, die er für seine neue Behandlungsmethode benötigte. Einige waren, soviel er wusste, noch niemals zu Heilzwecken gebraucht worden, andere hatten in längst vergangenen Zeiten der Heilung gedient, waren aber in Vergessenheit geraten, wieder andere fanden nach wie vor Verwendung. Letztere waren meist durch viele Hände gegangen und hatten dabei einen Großteil ihrer Wirkstoffe eingebüßt. Bachs Methode hingegen beruhte darauf, dass er nur die vollendetsten Blüten abpflückte und die Essenzen mitten in der Natur bereitete. Seine Assistentin Nora Weeks, die ihn beim Testen der Pflanzen begleitete und die Ergebnisse schriftlich festhielt, schildert das »Potenzieren« nach der Sonnenmethode.

»Zu diesem Zweck wählte er einen herrlichen Sommertag aus, an dem kein Wölkchen das Licht und die Wärme der Sonne trübte. Er nahm drei kleine Glasschalen, die er mit frischem Wasser füllte und dann in freiem Feld nahe den ausgewählten Pflanzenexemplaren aufstellte. Nun wählte er die vollkommensten Blüten der nahestehenden Chicorypflanzen aus, zupfte die Blüten vorsichtig ab und legte so viele von ihnen in eine der Glasschalen, bis die ganze Wasseroberfläche von Blüten bedeckt war. Das Wasser der zweiten Schale bedeckte er nun mit

den kleinen Blüten der Agrimonia, und in die dritte Wasser-schale gab er die Blüten des Eisenkrauts (Verbena officinalis). Dann ließ er die Schalen etwa vier Stunden lang an derselben Stelle in der Sonne stehen, bis die Spannkraft der Blütenblätter anfing nachzulassen, was ein Hinweis darauf war, daß sie ihre medizinische Wirkkräfte bzw. Energien an das Wasser abge-geben hatten. Dieses nun »mit magnetischer Kraft aufgeladene Wasser« war kristallklar und voll funkelnder kleiner Bläschen. Bach entfernte nun unter Zuhilfenahme eines Grashalms die Chicoryblüten vorsichtig von der Wasseroberfläche, um einen Kontakt seiner Hände mit der Flüssigkeit zu verhindern. Denn er war bestrebt, beim Herstellungsprozess soweit wie möglich das »menschliche« Element auszuschalten. Dann füllte er das Wasser mit Hilfe eines kleinen Schnabelgläschens in die für diesen Zweck bereitgestellten Fläschchen. Nachdem er die Fläschchen je zur Hälfte mit der Tinktur gefüllt hatte, fügte er noch einmal die gleiche Menge Weinbrand* hinzu, um die Flüssigkeit unbegrenzt haltbar zu machen und einer Eintrübung des Wassers vorzubeugen.«[94]

Im Laufe der Jahre des Versuchs und des Irrtums, zu denen die Prüfung Tausender von Pflanzen gehörte, fand Bach eines nach dem anderen die Mittel, die er benötigte. Jedes war auf einen bestimmten geistig-seelischen Zustand ausgerichtet. Er fand heraus, dass durch Einwirkung auf gefühlsmäßige Blockaden seiner Patienten deren körperliche Leiden auf natürliche Weise gelindert und das Heilpotenzial freigesetzt wurde.

Zwischen 1930 und 1934 folgte Bachs Leben dem Halbjahres-rhythmus. Frühling und Sommer verbrachte er mit der Suche und Vorbereitung der Heilmittel; den Winter widmete er seinen Patienten mit Rat und Hilfe. Obwohl er auf der Suche nach seinen Pflanzen zahlreiche englische und walisische Grafschaf-

**Bach hatte sich für Weinbrand als Konservierungsmittel entschieden, weil er diesen für reiner und natürlicher hielt als rektifizierten Spiritus, wie er normalerweise bei der Herstellung von Arzneimitteln verwendet wird.*

ten durchstreifte, zog es ihn immer wieder in das kleine Küsten-städtchen Cromer in Norfolk, wo er alljährlich mehrere Monate verbrachte. Den größten Teil seiner Forschungsarbeit führte er hier durch, fand acht seiner Heilmittel in der Umgebung und konnte in den ruhigen Wintermonaten die Grundsätze seines heilkundlichen Systems ausarbeiten. Hier gewann er die Be-wohner immer lieber und hatte zudem Gelegenheit, Menschen-typen aller Gesellschaftsschichten und Berufsgruppen zu beo-bachten, so konnte er einen tieferen Einblick in das menschliche Wesen gewinnen als während all der Jahre umgeben von Kran-ken in Krankenhäusern. Seine Patienten stammten nicht nur aus Cromer und Umgebung, sondern viele reisten von weit her an und er erreichte mit seinen pflanzlichen Heilmitteln äußerst ermutigende Resultate. Hier entwickelte er auch seine »Notfall-Tropfen«, ein Kombinationspräparat in akuten Notfällen, etwa bei Schockerlebnissen, Bewusstlosigkeit und großer Panik. Stets trug Bach ein Fläschchen in der Tasche. Einmal wurde ein Seemann, der bei einem fürchterlichen Sturm im aufgewühlten Meer umhergetrieben war, von einem Rettungsboot an Land gebracht. Er delirierte, war völlig entkräftet und schon fast erfroren, niemand gab ihm noch eine Chance. Während der Schiffbrüchige vom Strand zu einem nahegelegenen Haus ge-tragen wurde, befeuchtete Bach seine Lippen wiederholt mit den Tropfen. Kurz darauf richtete der Mann sich auf und bat um eine Zigarette. Diese und ähnlich erstaunliche Versorgungen trugen Bach großes Zutrauen bei den Einheimischen ein.

Als Bach im Jahre 1934 in Sotwell im Themse-Tal das kleine Haus *Mount Vernon* mietete, hatte er 19 seiner Mittel gefunden. Die restlichen 19 Pflanzen fand er in den umliegenden Wiesen und Feldern. Inzwischen waren sein Körper und sein Geist so sehr auf die Arbeit eingestimmt, dass seine eigenen emotionalen Zustände ihn zu den Pflanzen führten. Seine ausgeprägte Sensi-

»Mount Vernon«, das Haus, in dem Bach die letzten vier Jahre seines Lebens verbrachte, heute Sitz des »Edward Bach Centre«. Rechts: Nora Weeks (1897-1978).

tivität brachten zeitweise sehr viel Leid mit sich und er hatte ein hohes Maß an Schmerz und Krankheit zu ertragen, manchmal war seine Sensibilität dermaßen gesteigert, dass er bereits Stunden bevor ihn ein Patient aufsuchte, dessen Krankheitssymptome am eigenen Leib durchlebte. In einem seiner Notizbücher schreibt er: *»Kein Mensch sollte sich zum Führer seiner Mitmenschen berufen fühlen, solange er in seinem besonderen Wissensgebiet nicht erfahrener ist als seine Anhänger [...] um ein Ratgeber und Führer in Nöten, Schwierigkeiten, Krankheit, Verfolgung und so weiter zu sein, muß man ein noch größeres Wissen um diese Dinge und noch tiefere Erfahrungen haben, als es den Anhängern hoffentlich je bestimmt sein wird.«*[95]

Ein Jahr nachdem er die Suche nach den Heilmitteln abgeschlossen hatte, verstarb Edward Bach am 27. November 1936 friedlich im Schlaf. In seinen letzten Lebensstunden hatte er Nora Weeks das Versprechen abgenommen, seine Lehre weiterzuführen und vor Entstellungen zu schützen. Wie auch Hahnemann wusste er nur zu gut, dass jede Veränderung seiner Methodik dem Werk schaden würde. Diese Verpflichtung übernahm Nora Weeks konsequent bis zu ihrem Tod im Jahre 1978.

Die Erforschung des geistigen Menschen
Rudolf Steiner (1861 - 1925)

Rudolf Steiner wurde am 25. Februar 1861 als ältestes von drei Kindern des Bahnbeamten Johann Steiner und seiner Frau Franziska in Kraljevec im Königreich Ungarn geboren. Dank eines Stipendiums konnte er sich nach der Realschule an der Technischen Hochschule in Wien einschreiben und belegte die Fächer Mathematik, Chemie und Naturgeschichte. Gleichzeitig hörte er an der Universität Philosophie, Literatur und Geschichte, konnte ohne gymnasiale Matura in Latein allerdings keinen akademischen Grad erlangen. Deshalb ging er nach Deutschland, wo die Universitäten im 19. Jahrhundert offener waren.

Bedeutend für Steiners weiteren Lebensweg sollte vor allem sein Wiener Germanistikprofessor Karl Julius Schröer werden, der ihn in das Werk und die »Geistesart« Goethes eingeführt hatte. Durch Schröers Empfehlung wurde der damals 21-Jährige 1882 mit der Neuausgabe von Goethes naturwissenschaftlichen Schriften im Rahmen der von Josef Kürschner herausgegebenen Reihe *Deutsche Nationalliteratur* betraut. Steiners philologischen Leistungen fanden rasch Anerkennung, so dass er einige Jahre später in Weimar an der berühmten *Sophienausgabe*, der Gesamtedition der Goetheschen Schriften, mitarbeiten durfte. 1891 erfolgte die Promotion zum Doktor der Philosophie an der Universität Rostock mit einer Dissertation, die den bezeichnenden Titel »Wahrheit und Wissenschaft« trägt.

Das Jahr 1897 war der große Wendepunkt in Steiners Leben.[96] In diesem Jahr zog er von Weimar nach Berlin. Dort fand er alsbald Eingang in esoterische und freimaurerische Kreise. Um die Jahrhundertwende begann eine rege Vortragstätigkeit, zu der ihn die »Theosophische Gesellschaft Berlin« eingeladen hatte.

Der Goetheforscher hielt unter anderem Vorträge über »Goethes geheime Offenbarung«, und über die »Mystik im Aufgange des neuzeitlichen Geisteslebens«. Er vertiefte sich in griechische und germanische Mythen, befasste sich mit den östlichen Philosophien und mit dem Rosenkreuzertum. Ergebnis dieser intensiven Auseinandersetzung mit dem Okkulten waren esoterische Schriften wie *Das Christentum als mystische Tatsache* (1902), *Wie erlangt man Erkenntnisse der höheren Welten* (1904) und die in München zwischen 1910 und 1913 uraufgeführten vier Mysteriendramen, welche die nachtodlichen Seinszustände behandeln. Ziel der von Steiner begründeten *Anthroposophie* (von griech. *ánthrōpos* »Mensch« und *sophía* »Weisheit«) ist es, die menschliche Entwicklung geistig und übersinnlich zu verstehen. Bis zu seinem Tod im Jahre 1925 hielt er zahlreiche Vorträge, in denen er seine Lehre vielfältig in Beziehung setzte, u. a. zur Kunst, Pädagogik, Naturwissenschaft und Medizin.

Bereits vor dem ersten Weltkrieg entstand im schweizerischen Dornach ein Zentrum der anthroposophischen Bewegung: das Goetheanum. Die erste Ärzteschulung, die vom 21. März bis zum 9. April 1920 in Dornach stattfand, gilt als Geburtsstunde der anthroposophischen Medizin. Die Vortragsschriften, später unter dem Titel *»Geisteswissenschaft und Medizin«* veröffentlicht, enthalten im wesentlichen Äußerungen Steiners zu seinem Begriff der Medizin; eine Medizin, die nicht in Hippokrates ihren Anfang hat, sondern wo antike Heilkunst nur noch einen »letzten filtrierten Rest von uralten medizinischen Anschauungen« darstellt. *»Anschauungen, die nicht gewonnen worden sind auf den Wegen, auf denen man heute sucht, auf dem Wege der Anatomie, sondern die gewonnen worden sind auf dem Wege des alten atavistischen Schauens.«*[97] Ein Schauen des feinstofflichen Menschen in seiner Abhängigkeit von den Kräften

Steiner um 1891, Radierung von Otto Fröhlich. Rechts: Ita Wegman im Jahre 1926 vor ihrem Holzhaus in Arlesheim.

des außerirdischen Kosmos, das Paracelsus als einer der letzten versucht habe zu formulieren. Als Dozentin trat damals neben Steiner seine engste Mitarbeiterin die niederländische Ärztin Ita Wegman[98] (1876 - 1943) in Erscheinung, die für die praktische Umsetzung des anthroposophischen Heilkonzepts sorgte. Nach dem positiven Echo des ersten Ärztekurses reifte in ihr der Entschluss, ihre Praxis in Zürich aufzugeben und nach Arlesheim umzuziehen. Dort, in unmittelbarer Nähe zum Goetheanum, richtete sie 1921 ein »Klinisch-Therapeutisches Institut« ein. Die wohl weitblickendste Entscheidung war, nicht gegen die anerkannten wissenschaftlichen Methoden in Konkurrenz zu treten, sondern aus einer »erweiterten Welt- und Menschenerkenntnis« für eine Erweiterung der ärztlichen Kunst zu sorgen. Werkzeuge dieser erweiterten Weltsicht sind Imagination, Inspiration und Intuition. Durch das Schauen mit dem geistigen Auge werden laut Steiner, der selbst hellsichtig war, vier Glie-

Das erste Goetheanum (1913-1922), das durch Brandstiftung zerstört worden war. An der gleichen Stelle entstand in den Jahren 1925 bis 1928 der heute noch existierende Bau. Beide Entwürfe stammen von Rudolf Steiner.

der des menschlichen Wesens wahrnehmbar: der physische Leib, der Ätherleib, der Astralleib und die Ich-Organisation (Geist). Nur der physische Leib unterliege den Gesetzen der Physik. Die drei höheren Glieder seien immateriell, aber mit erheblichem Einfluss auf den physischen Körper. Eine wirkliche Medizin muss nach Steiner in alle diese Träger eindringen, da die Heilkunst mit dem ganzen Menschen zu tun hat. Er muss als Gesunder aus diesen Gliedern heraus angeschaut, als Kranker in dem gestörten Gleichgewicht dieser Glieder wahrgenommen werden und es müssen Heilmittel gefunden werden, die das gestörte Gleichgewicht wieder herstellen.[99] Der Wahl einer bestimmten Therapie liegt dabei nicht nur die Diagnose zugrunde, sondern auch Krankheitsverlauf, Lebenslauf, soziales Umfeld und die Persönlichkeit des Erkrankten. Auch Fragen nach Sinn und Wesen des Krankseins oder des Sterbens werden zu klären versucht. Eine weitere bis heute nahezu unveränderte Grundlage anthroposophischer Medizin ist das Konzept der organischen Dreigliederung des Menschen. Steiner unterschied drei Systeme: Die primär im Kopf angesiedelte Nerven-Sinnes-Organisation, die Stoffwechsel-Gliedmaßen-Organisation, deren Schwerpunkt im Verdauungs- und im Bewegungsapparat liege und als Träger der »Willenserscheinungen« fungiere, wie die rhythmische Organisation, die mit dem Gefühlsleben korrespondiere und in erster Linie Atmung und Blutkreislauf umfasse. So wird etwa eine Geschwulstbildung auf eine übertriebene Ich-Tätigkeit oder astralische Tätigkeit zurückgeführt. Werden dagegen die physischen und ätherischen Organisationen des Menschen zu stark, so strahlen diese ins Nerven-Sinnessystem hinein, die Folge sind Entzündungen, die sich überall im Körper bilden können. Die entsprechenden Heilmittel[100] müssen aus dem Zusammenhang von Naturreich und Mensch gefunden werden, zwischen denen eine enge Wesensverwandtschaft besteht. So sollen Mittel aus dem Pflanzenreich hauptsächlich auf den Astral- oder Empfindungsleib des Menschen wirken und mineralische Substanzen auf die Ich-Organisation. Eine wichtige Rolle spielen daneben wie einst in der alchemistischen Pharmazie die metallischen Heilmittel Blei, Zinn, Eisen, Gold, Kupfer, Quecksilber und Silber. Eisen nimmt dabei eine Vorrangstellung ein, da es nach anthroposophischer Anschauung als Regulator des Zusammenhangs zwischen physischem Körper, Astralleib und Ich-Organisation wirkt. Die beiden Grundprinzipien, die bis heute die Herstellung anthroposophischer Arzneimittel bestimmen, sind der Gebrauch von Wärme und die Berücksichtigung des biologischen Rhythmus wie er in der Natur zu beobachten ist. So sollen durch Kaltauszüge aus Frischpflanzen hergestellte Mittel das Nerven-Sinnes-System stimulieren, während die Veraschung durch stärkste Wärmeanwendung bei solchen Mitteln verwendet wird, mit denen vor allem Atmungsstörungen und Lungenkrankheiten beseitigt werden sollen. Bereits 1917 hatte Steiner angeregt, bei der Heilmittelherstellung die kosmischen Kräfte des Morgens und des Abends einzubeziehen. Ein häufig angewandtes Herstellungsverfahren ist ferner das Potenzieren durch Verschütteln wie in der Homöopathie.

Bewegungen, die sprechen und singen

Für ein ausgezeichnetes, wenn auch nichtarzneiliches Heilmittel, hielt Steiner die *Eurythmie*, was soviel bedeutet wie *Gleichmaß in der Bewegung*. Rhythmische Vorgänge bezeichnete er als halbgeistige Phänomene, welche in das Innere des kranken Menschen hinein wirken. Anders als die gewöhnliche Gymnastik, die nur die Dynamik und Statik des physischen Körpers entwickelt, strömen bei der Eurythmie Körper, Seele und Geist in Bewegung aus. Deshalb ließ er Sätze und Gedichte in Bewegung umsetzen. In seinem Vortrag »Die Bewegung als Sprache der Seele«, den er im April 1924 in Dornach hielt, sagt Steiner: *»Wenn wir aber die in sich sprechende Seele zur Darstellung bringen wollen, dann müssen wir den Menschen selber als unser Instrument, als unser Werkzeug verwenden. Und dann müssen wir uns klar sein, dass jedes, was am Menschen Form ist, eigentlich fortwährend in Bewegung übergehen will. Denken Sie doch nur einmal, dass eine menschliche Hand, wenn sie die ruhende Form ist, im Grunde genommen ein Widerspruch ist in sich. Die Form der menschlichen Hand zeigt, dass diese menschliche Hand in ihrer Form übergeführt werden soll in die Bewegung. Die gehaltene Hand trägt in sich schon wie embryonal die greifende, die weisende, die zeigende, die winkende Hand. In dem Augenblicke aber, wo die ruhende Hand übergeht*

Eurythmische Tänzerinnen fotografiert von Anton Josef Trčka, 1926.

in die winkende Hand, in die greifende Hand, in diesem Augenblicke wird die Bewegung des Menschen zum Ausdruck der sprechenden Seele wie die Werke der Bildhauerkunst der schweigenden Seele.

Nun ist es so, dass der Mensch eigentlich in sich das ganze Weltenall enthält. Wir sind ja, wenn wir nur die irdischen Verhältnisse betrachten, mit unserer Betrachtung außerordentlich arm. Da schauen wir hinaus in die Welt, da ist vieles um uns herum. Dann ist in uns die Summe unserer Gedanken, unserer Vorstellungen, an die sich die Empfindungen anranken. [...] Diese Organisation des Menschen drückt aus, wenn man sie als Bild fasst, das ganze Weltenall. Allein gerade unsere seelischen, sogenannten geistigen Vorstellungen drücken die physische Umwelt aus, und das, was wir physisch in uns tragen, wenn wir es nur richtig betrachten können, drückt das ganze Weltall aus. Denn der Mensch ist ein Mikrokosmos. Das ist die Form. Und bringt er nun diesen Mikrokosmos in Bewegung, drückt er alles dasjenige, was in der Form lebt, aus, indem er es in Bewegung übergehen lässt, dann spricht in der Tat das ganze göttlich-geistige Weltenall durch das Instrument des Menschen, so dass man sagen kann: Der Mensch ist gegenüber dem Makrokosmos, der großen Welt, ein Mikrokosmos, eine kleine Welt. - Die Kunst ist überhaupt, wenn wir sie nun in ihrer Tätigkeit betrachten, gegenüber dem großen Schaffen, der großen Schöpfung, eine kleine Schöpfung, und im eminentesten Sinne kann man die kleine Schöpfung vollziehen, wenn man sie durch das Instrument vollzieht, das alle Weltengeheimrisse und alle Weltengesetze in sich konzentriert enthält: das ist der Mensch.« [101]

Das Geheimnis des Traumes
Sigmund Freud (1856 - 1939)

Sigismund Schlomo Freud wurde als Sohn des jüdischen Textil-
kaufmanns Jacob Freud und dessen dritter Frau Amalia am
6. Mai 1856 im mährischen Freiberg geboren. Er hatte zwei
erwachsene Halbbrüder aus der ersten Ehe seines Vaters. Ihm
folgten sieben jüngere Geschwister aus der Ehe seiner Eltern,
von denen das erste starb. Im Jahr 1860 zog die Familie nach
Wien, wo Freud ab 1865 das Realgymnasium besuchte. Er war
ein hervorragender Schüler und bestand 1873 die Matura mit
Auszeichnung. Es folgte das Medizinstudium an der Universität
Wien mit Promotion zum Doktor med. Von 1882 bis 1885
arbeitete er im Allgemeinen Krankenhaus Wien und habilitierte

1885 zum Professor für Neuropathologie. Anschließend lehrte er dieses Fach an der Wiener Universität und beschäftigte sich mit hirnanatomischen Forschungen. In dieser Zeit befasste er sich zudem an der Pariser Nervenklinik Salpêtrière mit seelisch erkrankten Frauen ohne organischen Befund (Hysterien). Jean-Martin Charcot behandelte diese Patientinnen mittels Hypnose oder Suggestion. Freud bat Charcot, dessen neue Vorlesungen über die Krankheiten des Nervensystems, insbesondere über Hysterie, übersetzen zu dürfen. Diese Vorlesungen bezeichnete er später als den Ausgangspunkt der Psychoanalyse.

1886 heiratete Freud nach vierjähriger Verlobungszeit Martha Bernays, Tochter einer angesehenen jüdischen Familie aus Hamburg. Sie sollte ihm sechs Kinder schenken. Im gleichen Jahr gründete er eine neurologische Praxis in Wien. Eine gewisse Madame Benvenisti soll dem jungen und weitgehend mittellosen Nervenarzt um 1890 den berühmten Diwan zum Geschenk gemacht haben. Ihren langjährigen Platz fand die »Couch« ein Jahr später in der legendär gewordenen Wiener Berggasse 19, wo Freud die nächsten 47 Jahre wohnte und wirkte. In höflicher Bestimmtheit hatte er seinen Patienten das Möbel verordnet. »Ich halte an dem Rate fest«, schrieb er 1913, »den Kranken auf einem Ruhebett lagern zu lassen, während man hinter ihm, von ihm ungesehen, Platz nimmt.« Entspannt und möglichst nicht abgelenkt sollte sich der Patient dem freien Lauf seiner Gedanken überlassen. Zur Einleitung der Behandlung erklärte Freud: *»Sie werden versucht sein, sich zu sagen: Dies oder jenes gehört nicht hier her, oder es ist ganz unwichtig, oder es ist unsinnig, man braucht es darum nicht zu sagen. Geben Sie dieser Kritik niemals nach und sagen Sie es trotzdem, ja gerade darum, weil Sie eine Abneigung dagegen verspüren. [...] Sagen Sie also alles, was Ihnen durch den Sinn geht. Benehmen Sie sich so, wie zum Beispiel ein Reisender, der*

Emblem der freudschen Arbeit an der Seele: Die mit einem Teppich aus Smyrna belegte Couch. Im Hintergrund Artefakte aus Freuds Antiquitätensammlung. Sie umfasste am Ende mehr als 2000 Stücke, die meisten davon aus Rom und Ägypten.

am Fensterplatze des Eisenbahnwagens sitzt und dem im Inneren Untergebrachten beschreibt, wie sich vor seinen Blicken die Aussicht verändert.«[102]

Diese Technik der »freien Assoziation« spielt in der Entwicklung der Psychoanalyse eine wichtige Rolle, sie ermöglichte es Freud, Träume als Ausgangspunkt zu benutzen, von denen aus das unbewusste Problem des Patienten erforscht werden konnte. Freud ging laut Jung von der Annahme aus, dass Träume nicht zufällig erscheinen, sondern mit bewussten Gedanken und Problemen in Zusammenhang stehen. Ermutigt man nun einen Kranken, über seine Träume und die damit verbundenen Gedanken zu sprechen, verrät er den unbewussten Hintergrund seines Leidens und zwar durch das, was er sagt, aber manchmal noch mehr durch das, was er absichtlich verschweigt. Nach einiger Zeit erkennt der erfahrene Analytiker, was der Patient verheimlichen will und welche unangenehmen Gedanken oder Erlebnisse er unterdrückt.[103] Freud selbst hielt die Traumdeutung für den Königsweg zur Erkenntnis des Unbewussten, für ihn stellte sie den »Grundstein der psychoanalytischen Arbeit« dar.

Gewissermaßen knüpfte auch Freud ans »Schauen« der Alten an, die ihre Kranken zum Zwecke der Heilung in den Zustand der »gläubigen Erwartung«,versetzten.[104] In seinen Vorlesungen zur Einführung in die Psychoanalyse verwies er nachdrücklich auf die lange Traumdeutungsgeschichte: »*Soviel wir wissen, haben die alten Völker alle den Träumen große Bedeutung beigelegt und sie für praktisch verwertbar gehalten. Sie haben ihnen Anzeichen für die Zukunft entnommen, Vorbedeutungen in ihnen gesucht. Für die Griechen und andere Orientalen mag zuzeiten ein Feldzug ohne Traumdeuter so unmöglich gewesen sein wie heutzutage ohne Fliegeraufklärer. Als Alexander der Große seinen Eroberungszug unternahm, befanden sich die berühmtesten Traumdeuter in seinem Gefolge. Die Stadt Tyrus, die damals noch auf einer Insel lag, leistete dem König so heftigen Widerstand, daß er sich mit dem Gedanken trug, ihre Belagerung aufzugeben. Da träumte er eines Nachts einen wie im Triumph tanzenden Satyrn, und als er diesen Traum seinen Traumdeutern vortrug, erhielt er den Bescheid, es sei ihm der Sieg über die Stadt verkündet worden. Er befahl den Angriff und nahm Tyrus ein. Bei Etruskern und Römern waren andere Methoden zur Erkundung der Zukunft in Gebrauch, aber die Traumdeutung wurde während der ganzen hellenistisch-römischen Zeit gepflegt und hochgehalten. Von der damit beschäftigten Literatur ist uns wenigstens das Hauptwerk erhalten, das Buch des Artemidoros aus Daldis, den man in die Lebenszeit des Kaisers Hadrian versetzt.«*[105]

Seit 1883 führte Freud ein Privattraumbuch und auch in den Briefen an seine Verlobte berichtet er immer wieder seine Träume. Im Jahre 1894 begann er seine eigenen Träume zum Zweck ihrer Analyse systematisch niederzuschreiben und an seinem psychoanalytischen Hauptwerk, der *Traumdeutung*, zu arbeiten, die erstmals 1899 erschien.

Zusammen mit dem österreichischen Arzt Josef Breuer (1842 -1925) erkannte Freud außerdem, dass bestimmte Krankheitsbilder, neurotische Symptome - Hysterie, gewisse Arten von Schmerzen, abnormales Verhalten auch symbolisch bedeutsam sein können.[106] Wie auch die Träume können sie eine Ausdrucksform des Unbewussten sein. Ein Patient in unerträglicher Lage kann einen Krampf bekommen, der ihn am Trinken hindert: Er »kann es nicht schlucken«. Ein anderer unter ähnlichem psychischen Druck leidet an einer sonderbaren Beinlähmung, die sagen will: »Es geht so nicht weiter.« Wieder ein anderer mit plötzlichem Augenproblem will eine unangenehme Sache »nicht sehen». Es gibt unzählige solcher Beispiele. Auf der gleichen Beobachtung gründet auch die berühmte »Freudsche Fehlleistung«, ein innerer Konflikt, der als Versprecher zum Vorschein kommt.

Zu Beginn des 20. Jahrhunderts entwickelte Freud seine Sexualtheorie. In drei Abhandlungen beschreibt er die sexuelle Seite normalen wie kranken Verhaltens. Er gesteht erstmalig bereits dem Kleinkind erotische Impulse zu und betont den Sexualtrieb als die größte Antriebskraft menschlichen Verhaltens. Die Tabuisierung der Sexualität lehnte er ab. Auf der anderen Seite setzte er sich selbst jedoch Grenzen: »Die sexuelle Moralität, wie die Gesellschaft, am extremsten die amerikanische, sie definiert, scheint mir sehr verächtlich. Ich vertrete ein ungleich freieres Sexualleben, wenngleich ich selbst sehr wenig von solcher Freiheit geübt habe. Gerade nur soweit, daß ich mir selbst bei der Begrenzung des auf diesem Gebiet Erlaubten geglaubt habe.«[107]

Gruppenfoto vor der Clark University: Vordere Reihe: Sigmund Freud, G. Stanley Hall, C. G. Jung. Hintere Reihe: Abraham A. Brill, Ernest Jones, Sándor Ferenczi.

Im Spätsommer 1909 trat Freud gemeinsam mit seinen Schülern C. G. Jung und Sándor Ferenczi die weiteste Reise seines Lebens an. Mit dem Dampfer reisten sie von Bremen nach New York. Und knapp eine Woche später mit Schiff und Bahn weiter nach Massachusetts. An der Clark University in Worcester hielt Freud aus Anlass des 20. Jahrestages des Bestehens der Universität insgesamt fünf Vorlesungen, und am 10. September erhielt er das Ehrendoktorat. In seiner Selbstdarstellung schreibt er Jahre später: »In Europa fühlte ich mich wie geächtet, hier sah ich mich von den Besten wie ein Gleichwertiger aufgenommen. Es war die Verwirklichung eines unglaubwürdigen Tagtraums, als ich in Worcester den Katheder bestieg [...] Die Psychoanalyse war also kein Wahngebilde mehr, sie war zu einem wertvollen Stück der Realität geworden.«[108]

1923 war Freuds Schicksalsjahr. Im Alter von 67 Jahren wurde bei ihm Mundhöhlenkrebs diagnostiziert. Nach der Operation, der ersten von insgesamt 33 in den folgenden 16 Jahren, an der er wegen einer starken Nachblutung fast gestorben wäre, erfolgte noch im gleichen Jahr die zweite. Dem Messer des Chirurgen fiel ein Teil des Gaumens zum Opfer, so dass Freud fortan eine Prothese tragen musste. Sie erschwerte das Essen dermaßen, dass Freud es künftig vorzog, alleine zu essen. Öffentliches Reden war nun unmöglich geworden. Neben den unmittelbaren Einschränkungen im Alltag wurde »das Ungeheuer«, wie er die Prothese nannte, zur Ursache von nicht enden wollenden Schmerzzuständen und Beschwerden, die nur selten einmal verschwanden. Trotzdem nahm er nach den Eingriffen die Praxis so schnell wie möglich wieder auf, denn erstaunlicherweise hatte er nach jahrzehntelanger ärztlicher Tätigkeit keine finanziellen Rücklagen im Alter Aber es war auch das geliebte Handwerk, das ihn aufrecht hielt. Ein eindrucksvolles Beispiel für den Umgang mit seiner Krankheit bildet seine Einstellung zu Schmerz- und Beruhigungsmitteln. Seine Ärzte rieten ihm, sie in größerem Umfang zu nehmen, weil die durch den lang andauernden Schmerz bedingte Schlaflosigkeit seinen Zustand verschlechtere. Seine knappe Antwort darauf war: »Ich will lieber in Qualen denken, als nicht klar denken können.« Er beschränkte sich darauf, gelegentlich Aspirin und Pyramidon einzunehmen.[109]

Parallel zu seiner Krankheitsgeschichte drohte die Zerstörung seines Lebenswerks. *»Überall, wohin der Eroberungsfeldzug das Naziregime führte, wurde die Psychoanalyse verboten, wurden psychoanalytische Institute geschlossen, ihr Vermögen beschlagnahmt, die Analytiker zur Emigration gezwungen. In Berlin wurden die Schriften Freuds öffentlich verbrannt. Der Sprecher begleitete diesen Akt mit dem Spruch: »Gegen die* *seelenzerstörende Überschätzung des Sexuallebens und für den Adel der menschlichen Seele - übergebe ich den Flammen die Schriften eines gewissen Sigmund Freud.«* (Cremerius)[110]

Über die schwersten Stunden der Sorge und Angst half Freud das Schreiben hinweg. Seine Gedanken zu fokussieren war sein selbstverordnetes Beruhigungsmittel als die Gestapo 1937 seinen Sohn täglich zu Verhören bestellte, und dann auch die geliebte Tochter Anna. In der Erregung nicht fähig etwas Eigenes zu schaffen, übersetzte er ein Buch über Chow-Chows, die er stets zur Seite hatte.[111] Er liebte seine Hunde mit einer »merkwürdigen Tiefe«, eine »Zuneigung ohne Ambivalenz». Durch den Umgang mit ihnen fühlte er sich »von dem schwer erträglichen Konflikt mit der Kultur befreit«.[112]

Als Anna durch Glück wieder heimkam, war er überzeugt, dass es Zeit war, das Land zu verlassen. Dank der diplomatischen Kontakte und der finanziellen Hilfe der französischen Psychoanalytikerin Marie Bonaparte reiste Freud am 4. Juni 1938 in Begleitung von Anna, seiner Frau Martha, der Haushälterin Paula Fichtls und der Ärztin Josefine Stross über Paris nach London. Selbst nach der letzten großen Operation im September 1938 führte er zuerst mit drei, dann mit vier Patienten die Praxis fort. In den beiden letzten Lebensjahren verfasste er noch fünf klinische Schriften, von denen eine, *Die endliche und die unendliche Analyse,* als fundamental angesehen wird. Auch seine Zigarren ließ er sich nicht nehmen. Hier, so stellte er fest, habe er die Herrschaft des Ichs nicht herstellen können.

Sigmund Freud starb am 23. September 1939 in London.

Das kollektive Unbewusste
C. G. Jung (1875 - 1961)

Carl Gustav Jung wurde am 26. Juli 1875 als zweiter Sohn des reformierten Pfarrers Johann Paul Achilles Jung und seiner Frau Emilie in Kesswil im Schweizer Kanton Thurgau geboren. Als er neun Jahre alt war, wurde seine Schwester »Trudi« geboren. Seine Erinnerungen beginnen »mit dem zweiten oder dritten Jahr.« Damals war sein Vater Pfarrer in Laufen im Kanton Zürich. *»Ich erinnere mich an das Pfarrhaus, den Garten, das Buchihüsli, die Kirche, das Schloss, den Rheinfall, das Schlösschen Wörth und den Bauernhof des Messmers.«* Und etwas später erinnert er, wie er mit der Mutter Freunde am Bodensee besuchte: *»Da war ich vom Ufer nicht wegzubringen. Die Sonne glitzerte auf dem Wasser. Die Wellen vom Dampfer kamen ans*

*Ufer. Sie hatten den Sand auf dem Grunde zu kleinen Rippen
geformt. Die See dehnte sich in unabsehbare Ferne, und diese
Weite war ein unvorstellbarer Genuss, eine Herrlichkeit ohne-
gleichen. Damals setzte sich die Idee bei mir fest, ich müsse an
einem See leben. Ohne Wasser, so dachte ich, könne man überhaupt nicht sein.«*[113] Und ohne die glühenden Schneeberge auch
nicht. Beides war ihm in der Schweiz sein Leben lang gegeben.

Jung studierte zunächst Medizin an der Universität Basel und
besuchte daneben Vorlesungen in Jura und Philosophie. Nach
der Promotion arbeitete er als Assistenzarzt am Burghölzli, der
Psychiatrischen Universitätsklinik von Zürich. 1905 stieg er
zum Oberarzt auf und wurde Privatdozent an der Universität
Zürich. Im Februar 1903 heiratete er Emma Rauschenbach.
Liebe oder besser Ahnung auf den ersten Blick. Bereits als sie
noch Zöpfe trug hatte Jung behauptet, dass sie einmal seine
Frau werden würde und dafür Hänseleien einstecken müssen.
Emma gebar bis 1914 vier Töchter und einen Sohn. Ihr in die
Ehe mitgebrachtes Vermögen ermöglichte es Jung 1909 seine
Tätigkeit in der Klinik aufzugeben und in Küsnacht bei Zürich
eine Privatpraxis zu eröffnen. Bis zum Lebensende widmete er
sich ganz der Herausarbeitung der »Analytischen Psychologie«.
Psychiatrie bedeutete damals noch ausschließlich Symptom-
behandlung. Jung aber interessierte von Anfang an viel mehr
die Frage: Was geht im Inneren der Geisteskranken vor? Um
das Wesentliche hinter einer Krankengeschichte zu ergründen,
wandte er ab 1903 die von Freud übernommene Assoziations-
technik an, insbesondere bei Schizophrenen, es war der Beginn
seiner eigentlichen wissenschaftlichen Arbeit. Speziell mit dem
»Verdrängungsmechanismus« lag er mit seinem Lehrer auf einer Linie. Anders stand es mit dem Inhalt der Verdrängung.
Freud ließ als Ursache nur das sexuelle Trauma gelten. Das ge-
nügte Jung nicht, jedenfalls nicht allein. Jungs Ziel war es, über

Klinik Burghölzli um 1890

die persönliche Bedeutung und biologische Funktion der Sexualität hinaus, ihre geistig-numinose Seite zu erforschen und zu erklären.[114] Die menschlichen Triebe betrachtete er als Manifestationsformen energetischer Vorgänge, wobei die Frage, ob sie Aggression, Macht, Hunger oder etwas anderes seien, zweitrangig war. Die Publikation seines Buches *»Wandlungen und Symbole der Libido«* führte 1912 zum Bruch mit Freud.

Es folgte eine Zeit der Desorientierung. Gleichzeitig war es der Beginn der selbstständigen Arbeit. Jung begann sich mit Bildern seines eigenen Unbewussten zu beschäftigen. Die Jahre, die er den inneren Bildern nachging, bezeichnete er später als die wichtigsten seines Lebens. »Meine gesamte spätere Tätigkeit bestand darin, das auszuarbeiten, was in jenen Jahren aus dem Unbewussten aufgebrochen war und mich zunächst überflutete. Es war der Urstoff für mein Lebenswerk.«[115]

Auf den Spuren »der historischen Präfiguration der inneren Erfahrung« unternahm er ausgedehnte Reisen: Nord- und Ostafrika, Neu-Mexiko, Indien. Zwischen den alten Mythen und

145

den Geschichten in den Träumen moderner Menschen stellte er Analogien fest. Das Unbewusste reichte für Jung weit darüber hinaus, Sammelort vergessener und verdrängter individueller Inhalte zu sein. Vielmehr erkannte er in den tieferen, dunkleren Schichten ein zweites psychisches System einer kollektiven, universellen und überpersönlichen Natur, die in allen Individuen identisch vorhanden ist. Es beinhaltet alle Erfahrungen der Menschheit und ist bevölkert von den sogenannten Archetypen oder Urbildern. Diese Bilder der Seele haben jenseits der Zeiten und Kulturen eine grundlegende Gültigkeit für alle Menschen. Dieselben Motive erkannte er in Fantasien, Träumen, Delirien und Wahnideen seiner Patienten wieder. Je stärker gefühlsaufgeladen, desto lebhafter und deutlicher traten sie hervor, oft stärker als der bewusste Wille des Menschen. Bisweilen sah Jung in archetypischen Motiven den *Schatten* in Erscheinung treten, »jene verhüllte, verdrängte, meist minderwertige und schuldhafte Persönlichkeit, welche mit ihren letzten Ausläufern bis ins Reich der tierischen Ahnen hinaufreicht...«[116] Die Bewusstmachung des Schattens aber, der als vitaler Persönlichkeitsteil mitleben will, stellt die Anfangsarbeit der Jungschen Analyse dar. *»Der Schatten ist allerdings ein Engpass, ein schmales Tor, dessen peinliche Enge keinem, der in den tiefen Brunnen hinuntersteigt, erspart bleibt. Man muß aber sich selber kennenlernen, damit man weiß, wer man ist, denn das, was nach dem Tore kommt, ist unerwarteterweise eine grenzenlose Weite voll unerhörter Unbestimmtheit, anscheinend kein Innen und kein Außen, kein Oben und kein Unten, kein Hier oder Dort, kein Mein und kein Dein, kein Gutes und kein Böses. Es ist die Welt des Wassers, in der alles Lebendige suspendiert schwebt, wo das Reich des 'Sympathicus', der Seele alles Lebendigen, beginnt ...«*[117] Menschen aller Zeiten haben über jenen kaum zu beschreibenden Bereich berichtet, in dem es

Zeichnungen aus dem fast sieben Kilo schweren »Roten Buch«, ein Experiment Jungs an sich selbst, in dem er über einen Zeitraum von 16 Jahren (1914-1930) die Auseinandersetzung mit dem eigenen Unbewussten festgehalten hat. Auf Basis der inneren Erlebnisse entwickelte er später seine bekannten Theorien.

keine Trennung mehr gibt, also auch keine Individualität. Jung siedelte diesen Bereich, den er als Ausgangspunkt seelischen Wachstums betrachtete, im Zentrum der Seele an, die er als einen Kreis ansah. Er versuchte nie die vielschichtigen, äußerst wandelbaren Bilder der Seele in starre Begriffe zu zwängen, deshalb wurde sein Werk manchmal als Mystizismus missverstanden. Seit ihn als Student zweimal Spukerscheinungen heftig verunsichert hatten, war er bestrebt metaphysische Phänomene psychologisch einzuordnen. Nach der Trennung von Freud war es vor allem das intensive Interesse an der Alchemie, weshalb man ihn in die okkulte Ecke zu drängen versuchte. Jung stellte fest, dass es sich bei alchemistischen Verwandlungen nicht nur allein um chemische Experimente handelte, sondern auch »um etwas wie psychische Vorgänge, die in pseudochemischer

Sprache ausgedrückt wurden.«[118] Tatsächlich gelang es ihm, eine Reihe von Texten ausfindig zu machen, bei denen die philosophischen und psychologischen Parallelvorgänge vom Alchemisten selbst erkannt und dargelegt worden waren. Durch das Studium individueller und kollektiver Wandlungsvorgänge und durch das Verständnis der alchemistischen Symbolik, nicht zuletzt durch das Befassen mit Paracelsus, gelangte Jung zum Herzstück seiner Psychologie, dem *Individuationsprozess.*

Jung hat Tausende von Träumen der unterschiedlichsten Menschen beobachtet - 80.000 sollen es gewesen sein - und zwar stets nach dem Grundsatz: Jeder Traum ist seine eigene Deutung. Stereotype Auslegungen ließ er nicht gelten, immer sah er sich dem ganzen symbolproduzierenden Individuum gegenüber. Dabei entdeckte er, dass diese Träume auch als Ganzes genommen, Teile eines großen Schicksalsgewebes darstellten, welches eine allgemeinmenschliche Struktur aufzuweisen schien. Das Werden dieses Lebensmusters bezeichnete er als *Individuation.* »Da unsere Träume Nacht für Nacht andere Szenen und Bilder erzeugen, werden viele Träumende diesen größeren Zusammenhang übersehen; doch wenn man Träume längere Zeit deutet, so kann man sehen, wie manche Themen immer wieder auftauchen verschwinden und wiederkommen«, schreibt Marie-Luise von Franz, eine der engen Mitarbeiterinnen Jungs. «Viele Menschen träumen sogar öfters von den gleichen Figuren, Landschaften und Situationen, die sich allmählich abwandeln.«[119] Diese Wandlung könne durch wirksame Analyse der Träume wesentlich beschleunigt werden. So gleiche das Traumleben einem Muster verschlungener Fäden, in dem eine verborgene Zielrichtung wirksam sei, welche ein langsames seelisches Wachstum bewirke - einen Prozess der Selbstwerdung. In diesem seelischen Reifeprozess unterschied Jung deutlich zwischen *Selbst* und *Ich.* Das Selbst, wiederum im Zentrum der Seele ansiedelt, begreife unendlich viel mehr als ein bloßes Ich. »Es ist ebenso der oder die anderen [...] Individuation schließt die Welt nicht aus, sondern ein.«[120]

Heilung der Seele bedeutete für Jung, die eigene unvergleichbare Einzigartigkeit erkennen, aber auch den übergeordneten Sinn im individuellen Lebensweg, die irrationale Notwendigkeit eines sogenannten geistigen Lebens. Er führte den Begriff des *Numinosen* in der Tiefenpsychologie ein, Sphäre des Heiligen, Geheimnisvollen, Ganz Anderen, oft auch Erschreckenden, weder beweisbar noch widerlegbar, wahrnehmbar allein durch persönliches Erleben. *»Dass die Gottheit auf uns wirkt, können wir nur mittels der Psyche feststellen, wobei wir aber nicht zu unterscheiden vermögen, ob diese Wirkungen von Gott oder vom Unbewussten kommen, d. h. es kann nicht ausgemacht werden, ob die Gottheit und das Unbewusste zwei verschiedene Größen seien. Beide sind Grenzbegriffe für transzendentale Inhalte.«*[121]

Mit Jung steigt die Kunst der griechischen Priesterärzte wieder auf. Er hat uraltes Heilerwissen in die moderne Psychologie übersetzt. Nicht umsonst hatte er diese besondere Beziehung zu *Telesphoros*, dem kleinen wegweisenden Helfer des Asklepios, den er eigenhändig in der Mitte seines berühmten »Bollinger Steines«[122] einmeißelte. Jung hat die heutige Psychologie, aber auch Friedensforschung, moderne Theologie und Alternative Medizin wesentlich geprägt. Von ihm stammen Begriffe wie *Extraversion, Introversion* und *Komplex.* In *Anima* und *Animus* hat er das Weib im Manne und den Mann im Weib entdeckt, in der *persona* die antike Maske der Seelenkunde zugeführt, in der *Synchronizität* Entsprechungen von inneren Geschehnissen in der äußeren Realität psychologisch erklärt. Jung war ein Grenzgänger zwischen Kulturen, Zeiten und Wissensgebieten.

Sein Leben und sein Werk hat er immer als eine Einheit betrachtet, das eine war vom anderen nicht zu trennen. Kurz vor seinem Tod sagte er rückblickend im Gespräch mit seiner langjährigen Mitarbeiterin Aniela Jaffé, die er mit der Aufzeichnung und Edition seiner wichtigsten Gedanken betraut hatte: *»Die Erkenntnisse, um die es mir ging oder die ich suchte, waren in der Wissenschaft jener Tage noch nicht anzutreffen. Ich musste selbst die Urerfahrung machen und musste überdies versuchen, das Erfahrene auf den Boden der Wirklichkeit zu stellen; sonst wäre es im Zustand einer nicht lebensfähigen subjektiven Voraussetzung geblieben. Damals stellte ich mich in den Dienst der Seele. Ich habe sie geliebt und habe sie gehasst, aber sie war mein größter Reichtum. Dass ich mich ihr verschrieb, war die einzige Möglichkeit, meine Existenz als eine relative Ganzheit zu leben und auszuhalten.«*[123]

Jung starb am 6. Juni 1961 nach kurzer Krankheit in seinem Haus am Zürichsee.

Bollinger Stein mit dem von Jung eingravierten Vers aus der Odyssee: »Dies ist Telesphoros, der durch die dunklen Regionen dieses Kosmos wandert und wie ein Stern aus der Tiefe aufleuchtet. Er weist den Weg zu den Toren der Sonne und zum Land der Träume.«

ANHANG

Anmerkungen

1   Nach Antje Krug: *Heilkunst und Heilkult.* München 1993, S. 130
2   Demokrit, Fragment 191, in: *Die Fragmente der Vorsokratiker.* Griechisch und Deutsch von Hermann Diels. 2. Band, Berlin 1922, S. 99 ff.
3   Antje Krug a.a.O., S. 40 ff.
4   Hippokrates: *Epidemien I 23,* nach Antje Krug, a.a.O., S. 44 ff.
5   Hippokrates: *Prognostikon 1,* nach Antje Krug, a.a.O., S. 45
6   Antje Krug a.a.O., S.121
7   Annemarie Pieper: *Der philosophische Gottesbegriff,* www.erf-sg.com/vortraege
8   Hippokrates: *Über Luft-, Wasser- und Ortsverhältnisse,* nach Jutta Kollesch, Diethard Nickel (Hrsg.): *Antike Heilkunst.* Stuttgart 2007, S. 122
9   Johannes Hemleben: *Paracelsus.* Frauenfeld 1973, S. 79 ff.
10 Unheil abzuwehren und Heil zu bringen gehörte zu den ältesten Eigenschaften Apollons, der so zum Heilergott wurde und bisweilen zusammen mit Asklepios auch kultisch verehrt wurde. Als Gott der Heilkunde wurde Apollon im 5. Jahrhundert v. Chr. von den Römern übernommen. Auch hier trug er den Beinamen »Arzt« (Medicus).
11 Der Name der Göttin bedeutet: »die alles Heilende«. Panakeia galt im Mythos als Tochter des Asklepios und Schwester der Hygieia. Sie war in den Asklepioskult einbezogen.
12 Hippokrates: *Der Eid,* nach Kollesch/ Nickel a.a.O., S. 53 ff.
13 Karl Eugen Heilmann: *Kräuterbücher in Bild und Geschichte.* Grünwald b. München 1964, S. 49
14 Antje Krug a.a.O., S. 104
15 Galen: *Über Gegenmittel,* Buch I, Kap.1, in: Kollesch, Nickel a.a.O., S. 203 ff.
16 Eines der 77 Lieder, der sogenannten »Symphonia«, die von Hildegard zwischen 1151 und 1158 für den liturgischen Gebrauch im Kloster Rupertsberg gedichtet und komponiert wurden. Nach Heinrich Schipperges: *Hildegard von Bingen. Gott Sehen.* München 1987, S. 35
17 Nach Monika Klaes: *Vita sanctae Hildegardis. Leben der heiligen Hildegard von Bingen.* Fontes Christiani, Band 29, Freiburg u. a. 1998, S. 125
18 Nach Petra Gerster/ Andrea Stoll: *Hildegard von Bingen,* in: *Ihrer Zeit voraus.* München 2009, S. 38
19 Nach Sr. Philippa Rath OSB: *Die Welt der Hildegard von Bingen,* www.abtei-st-hildegard.de
20 Dies. a.a.O.
21 Hildegard v. Bingen: *Liber Divinorum operum 761,* nach Heinrich Schipperges a.a.O., S. 115

22 Hanna Strack: *Viriditas bei Hildegard von Bingen und ihre Bedeutung für eine Theologie des Blühens*. Pinnow/Schwerin 2011, S. 4

23 Hildegard v. Bingen: *Liber Vitae Meritorum* 12/13, nach Heinrich Schipperges a.a.O., S. 182 ff.

24 Nach Gerster, Stoll a.a.O, S. 39

25 Dr. A. G. Chevalier: *Die Schule von Salerno*. Ciba-Zeitschrift April 1938 Nr. 56

26 Ders.: *Das »Regimen sanitatis Salernitanum«*, a.a.O.

27 Nach Chevalier a.a.O.

28 Erasmus v. Rotterdam: *De ratione studii ac legendi interpretandique auctores*. Paris 1511

29 Johannes Hemleben: *Paracelsus*. Frauenfeld 1973, S. 25

30 Nach Hemleben a.a.O., S. 29

31 Nach Hemleben a.a.O., S. 29 ff.

32 Nach Hemleben a.a.O., S. 87

33 Theophrast Paracelsus: *Paragranum*, in: Werke. Bd. 1, Darmstadt 1965, S. 500

34 Ders.: *Paragranum*: Der zweite Traktat, von der Astronomia, a.a.O., S. 538 ff.

35 Ders.: *Paragranum*: Alchimia, der dritte Grund medicinae, a.a.O., S. 544

36 Ders.: *Paragranum*: Der vierte Grund der Arznei, welcher ist Wesenheit, a.a.O., S. 569

37 Nach Hemleben a.a.O., S. 165

38 Nach Hemleben a.a.O., S. 75

39 Nach Hemleben a.a.O., S. 77 ff.

40 Karl Eugen Heilmann a.a.O., München 1964, S. 17-31

41 Ders. a.a.O., S. 163-173

42 L. Fuchs: *New Kreüterbuch*. Basel 1543, aus Kapitel 201der hervorragenden HTML-Darstellung von Werner Waimann in Zusammenarbeit mit der Uni Tübingen und der Stadt-Apotheke Wemding, waimann.de/capitel/inhalt.html

43 Nach Frank Nager: *Goethe. Der heilkundige Dichter*. Frankfurt a. M. u. Leipzig 1994, S. 110

44 Mara Hofmann; Caroline Zöhl: *Hortus Eystettensis*. Studien zur Entstehung des Kupferstichwerks und zum Exemplar des Andrea Vendramin, archiv.ub.uni-heidelberg.de/artdok/963/

45 Dylan Warren-Davis: *Nicholas Culpeper: Herbalist of the People*, skyscript.co.uk/culpeper.html

46 Nach Olav Thulesius: *Nicholas Culpeper. English Physician and Astrologer*. Hundmills, Basingstoke u.a. 1992, Astrowiki

47 Non Shaw: *Pflanzenheilkunde*. Köln 1999, S. 15

48 Nicholas Culpeper: *The Complete Herbal*, 1616-1654, S.1 (Original Epistle To the Reader), bibliomania.com

49 J.W. Goethe: *Dichtung und Wahrheit*. Erster Teil, München 1962, S. 8

50 J.W. Goethe: Gedenkausgabe der Werke, *Briefe und Gespräche*. Zürich 1948 ff. Bd. 22, S. 478

51 J.W. Goethe: *Dichtung und Wahrheit*. Zweiter Teil, in: Goethes ausgewählte

Werke in zwölf Bänden, elfter Band, Stuttgart o. J., S. 121

52 J.W. Goethe: *Dichtung und Wahrheit.* Dritter Teil, in: Goethes ausgewählte Werke in zwölf Bänden, elfter Band, Stuttgart o. J., S. 5

53 Nach Nager a.a.O., S. 28

54 Nach Nager a.a.O., S. 200 ff.

55 Nager a.a.O., S. 259

56 Nach Nager a.a.O., S. 263

57 Goethe, aus: *Wilhelm Meisters Wanderjahre,* nach Nager a.a.O., S. 270 ff.

58 J.W. Goethe: Gedenkausgabe der Werke, *Briefe und Gespräche.* Bd.16, Zürich 1948 ff, S. 400

59 J.W. Goethe: *Dichtung und Wahrheit.* Zweiter Teil, in: Goethes ausgewählte Werke in zwölf Bänden, elfter Band, Stuttgart o. J., S. 104

60 Ders. a.a.O., S. 106

61 Nach Nager a.a.O., S. 218

62 Christoph Wilhelm Hufeland: *Hufeland. Leibarzt und Volkserzieher.* Selbstbiographie, Stuttgart 1937, S. 58-62

63 Nach Prof. Dr. Edith Heischkel: *Die Medizin in der Goethezeit.* Ciba-Zeitung Nr. 80, Wehr/ Baden 1956

64 Dies. a.a.O.

65 Samuel Hahnemann: *Organon der Heilkunst.* Nach der handschriftlichen Neubearbeitung Hahnemanns für die 6. Auflage, Ulm 1958, S. 50

66 Ders. a.a.O., S. 3

67 Nach Nager a.a.O., S. 120

68 Samuel Hahnemann: *Versuch über ein neues Prinzip zur Auffindung der Heilkräfte der Arzneisubstanzen, nebst einigen Blicken auf die bisherigen,* in: Christoph Wilhelm Hufeland (Hrsg.): Journal der practischen Arzneykunde und Wundarzneykunst, zweiter Band, 1796

69 Robert Jütte: *Samuel Hahnemann: Mehr als nur ein Denkmal.*Deutsches Ärzteblatt 15, 2005

70 Samuel Hahnemann: *Organon der Heilkunst.* 6. Auflage, Vorrede, S. 73

71 Samuel Hahnemann: *Organon der Heilkunst.* 6. Auflage, Berliner Ausgabe 2014, S. 167 ff. (§ 269/ Anmerkung 155)

72 Nach Stephan Heinrich Nolte: *Warum geht ihr nicht und holt Dr. Hahnemann?,* Homöopathie 12, Herbst 2011

73 Stefan Zweig: *Die Heilung durch den Geist. Mesmer, Mary Baker-Eddy, Freud.* Leipzig 1931 (E-Text)

74 Nach Zweig a.a.O.

75 Ders. a.a.O.

76 Karl Christian Wolfart (Hrsg): *Mesmerismus oder System der Wechselwirkungen,* nach Mesmer, Berlin 1814 (Nachdruck: E. J. Bonset, Amsterdam 1966, II. Abth., 13. Kapitel, 4. Anwendung, 2. Absatz, S. 115)

77 Ders. a.a.O., III. Abth., 9. Kapitel, *Besondere Verfahrensarten,* 2. Absatz, S. 180 ff.

78 Stefan Zweig a a.O.
79 C.G. Jung: Briefe, in: Franz Alt (Hrsg.): *C.G. Jung. Von Sinn und Wahnsinn.* Olten 1986, S. 62
80 Horst Prignitz: *Wasserkur und Badelust.* Leipzig 1986, S. 175-177
81 Ders. a.a.O., S. 179
82 Ferdinand Stolle (Hrsg.): *Wasser thuts freilich,* in: Die Gartenlaube, Heft 11, Leipzig 1853, S.114 ff. (Der Text wurde der neuen Rechtschreibung angepasst)
83 Prignitz a.a.O., S. 191 ff.
84 Nach Prignitz a.a.O., S. 193
85 Robert Jütte: *Die Geschichte der Alternativen Medizin.* München 1996, S. 126
86 Marina Lienert: *Der Lebensreformer und Naturheilkundler Friedrich Eduard Bilz.* Dresdner UniversitätsJournal Nr. 12, 3. Juli 2012
87 Friedrich Eduard Bilz: *Wie ich mich bis zum 78. Jahre jung und kerngesund erhielt.* Leipzig 1921, S. 1
88 Ders. a.a.O., S. 31
89 Ders. a.a.O., S. 32
90 Selina Lehrherr: *Pfarrer J. Künzle war Ihr Ururgrossonkel.* Erzählungen auf der Webseite des Pfarrer-Künzle-Vereins, www.pfarrerkuenzle.ch
91 Nach Marianne Künzle: *Uns Menschen in den Weg gestreut. Kräuterpfarrer Johann Künzle (1857-1945).* Basel 2017, E-Book
92 Nora Weeks: *Edward Bach.* München 1988, S. 22
93 Dies. a.a.O., S. 33 ff.
94 Dies. a.a.O., S. 72 ff.
95 Dies. a.a.O., S. 146
96 Robert Jütte: *Geschichte der Alternativen Medizin.* München 1996, S. 240
97 Rudolf Steiner: *Geisteswissenschaft und Medizin.* Erster Vortrag, Dornach 1920, 4. Auflage 2010, S. 4, Rudolf Steiner Online Archiv
98 Robert Jütte a.a.O., S. 241, 253 ff.
99 Nach Jütte a.a.O., S. 244 ff.
100 Nach Jütte a.a.O., S. 246 ff.
101 Rudolf Steiner: *Eurythmie, die Offenbarung der sprechenden Seele.* Eine Fortbildung der goetheschen Metamorphosenanschauung im Bereich der menschlichen Bewegung, Vorträge an verschiedenen Orten zwischen 1918 und 1924, 4. Auflage 2010, S. 58 und S. 59, Rudolf Steiner Online Archiv.
102 Sigmund Freud: *Schriften zur Behandlungstechnik.* Zur Einleitung der Behandlung. Weitere Ratschläge zur Technik der Psychoanalyse I. (1913) Studienausgabe-Ergänzungsband, Frankfurt a. Main 2000, S. 193-195
103 C.G. Jung: *Der Mensch und seine Symbole.* Düsseldorf 2009, S. 25 ff.
104 Sigmund Freud: *Über Psychotherapie.* Vortrag 1904, 14-15, psyalpha.net
105 Sigmund Freud: *Vorlesungen zur Einführung in die Psychoanalyse.* 5. Vorlesung: *Der Traum,* 1916, Gutenberg.de
106 C.G. Jung: *Der Mensch und seine Symbole,* a.a.O., S. 25
107 Sigmund Freund an James Putnam, Juli 1915, zitiert nach Christfried Tögel:

Sigmund Freud Stationen eines Lebens. Katalog zur Ausstellung im Sigmund-Freud-Zentrum des Fachkrankenhauses Uchtspringe, Uchtspringe 2001, S. 43

108 Sigmund Freund: *Selbstdarstellung*, nach Tögel a.a.O., S. 45

109 Johannes Cremerius: *Sigmund Freud*, in: Hans Jürgen Schultz: *Letzte Tage*. Stuttgart 1983, S. 57

110 Ders. a.a.O., S. 52

111 Ders. a.a.O., S. 57

112 Nach Tögel a.a.O., S. 59

113 C.G. Jung: *Erinnerungen, Träume, Gedanken*. Düsseldorf 2009, S. 20, 21

114 Ders. a.a.O., S. 189

115 Ders. a.a.O., S. 222

116 Ders. a.a.O., S. 446

117 C.G. Jung: *Bewußtes und Unbewußtes*. Frankfurt a. M. 1982, S. 30 ff

118 Ders. a.a.O., S. 165

119 M.- Luise von Franz: *Der Individuationsprozess*, in: C.G. Jung: *Der Mensch und seine Symbole*. Düsseldorf 2009, S. 160 ff

120 C.G. Jung: *Erinnerungen, Träume, Gedanken,* a.a.O., S. 443

121 Ders. a.a.O., S. 442

122 1922 erwarb Jung ein Seegrundstück in Bollingen, wo er einen zweistöckigen runden Turms baute, den er später mehrere Monate im Jahr bewohnte. Hier widmete er sich unter anderem der Steinbildhauerei (»Innerste Gedanken und eigenes Wissen in Stein zur Darstellung bringen oder ein Bekenntnis in Stein ablegen.«)

123 C.G. Jung: *Erinnerungen, Träume, Gedanken,* a.a.O., S. 214

Literaturhinweise

Bilz, Friedrich Eduard: Wie ich mich bis zum 78. Jahre jung und kerngesund erhielt. Leipzig 1921

Chevalier, A.G.: Die Schule von Salerno. Ciba-Zeitschrift Nr. 56, April 1938

Culpeper, Nicholas: Culpeper's Complete Herbal. Ware 1995

Diels, Hermann: Die Fragmente der Vorsokratiker. Band 2, Berlin 1922

Ebeling, Florian: Das Geheimnis des Hermes Trismegistos. München 2005

Freud, Sigmund: Schriften zur Behandlungstechnik. Studienausgabe, Ergänzungsband, Frankfurt a. M. 2000

Freud, Sigmund: Vorlesungen zur Einführung in die Psychoanalyse. Studienausgabe Band 1, Frankfurt a. M. 1969

Fuchs, Leonhart: New Kreüterbuch. Basel 1543

Goethe, J.W.: Dichtung und Wahrheit. Erster Teil. München 1962

Goethe: Gedenkausgabe der Werke, Briefe und Gespräche. Band 1 - 24 und Ergänzungsbände 1 - 3. Zürich 1948

Hahnemann, Samuel: Organon der Heilkunst. Berliner Ausgabe 2014

Hemleben, Johannes: Paracelsus. Frauenfeld 1973

Heilmann, Karl Eugen: Kräuterbücher in Bild und Geschichte. Grünwald 1964

Hufeland, Christoph Wilhelm (Hrsg.): Journal der practischen Arzneykunde und Wundarzneykunst. Zweiter Band. 1796

Hufeland, Christoph Wilhelm: Hufeland Leibarzt und Volkserzieher. Selbstbiographie. Stuttgart 1937

Jung, C.G.: Erinnerungen, Träume, Gedanken. Düsseldorf 2009

Jung, C.G.: Der Mensch und seine Symbole. Düsseldorf 2009

Jung, C.G.: Bewußtes und Unbewußtes. Frankfurt a. M. 1982

Jütte, Robert: Geschichte der Alternativen Medizin. München 1996

Klaes, Monika (Hrsg. u. Übers.): Vita sanctae Hildegardis. Leben der heiligen

Hildegard von Bingen. Fontes Christiani. Band 29. Freiburg 1998

Kollesch, Jutta; **Nickel**, Diethard (Hrsg.): Antike Heilkunst. Stuttgart 2007

Krug, Antje: Heilkunst und Heilkult - Medizin der Antike. München 1993

Künzle, Johann: Das Grosse Kräuterheilbuch. Olten 1945

Künzle, Johann: Chrut und Uchrut. Überarbeitete Ausgabe. Minusio 2007

Künzle, Marianne: Uns Menschen in den Weg gestreut - Kräuterpfarrer Johann
Künzle (1857-1945). Basel 2017

Nager, Frank: Goethe, der heilkundige Dichter. Frankfurt a. M. und Leipzig 1994

Paracelsus, Theophrast: Werke. Bd. 1 und Bd. 2. Darmstadt 1965

Prignitz, Horst: Wasserkur und Badelust. Leipzig 1986

Schipperges, Heinrich (Hrsg.): Hildegard von Bingen. Gott sehen. München 1987

Schultz, Hans Jürgen (Hrsg.): Letzte Tage. Stuttgart 1983

Shaw, Non: Pflanzenheilkunde. Köln 1999

Steiner, Rudolf: Geisteswissenschaft und Medizin. Dornach 1920

Steiner, Rudolf: Eurythmie. Die Offenbarung der sprechenden Seele. Vorträge1918-
1924, 4. Auflage 2010. Rudolf Steiner Online Archiv

Strack, Hanna: Viriditas bei Hildegard von Bingen und ihre Bedeutung für eine
Theologie des Blühens. Aufsatz. www. hanna-strack.de, Pinnow 2011

Tögel, Christfried: Sigmund Freud - Stationen eines Lebens. Uchtspringe 2001

Thulesius, Olav: Nicholas Culpeper. English Physician and Astrologer. Hundmills,
Basingstoke u.a. 1992

Weeks, Nora: Edward Bach. München 1988

Wolfart, Karl Christian (Hrsg.): Mesmerismus oder System der Wechselwirkungen,
Theorie und Anwendung des thierischen Magnetismus als die allgemeine Heilkunde zur Erhaltung des Menschen. Berlin 1814

Zweig, Stefan: Die Heilung durch den Geist. Mesmer, Mary Baker-Eddy, Freud.
Leipzig 1931

Bildnachweise